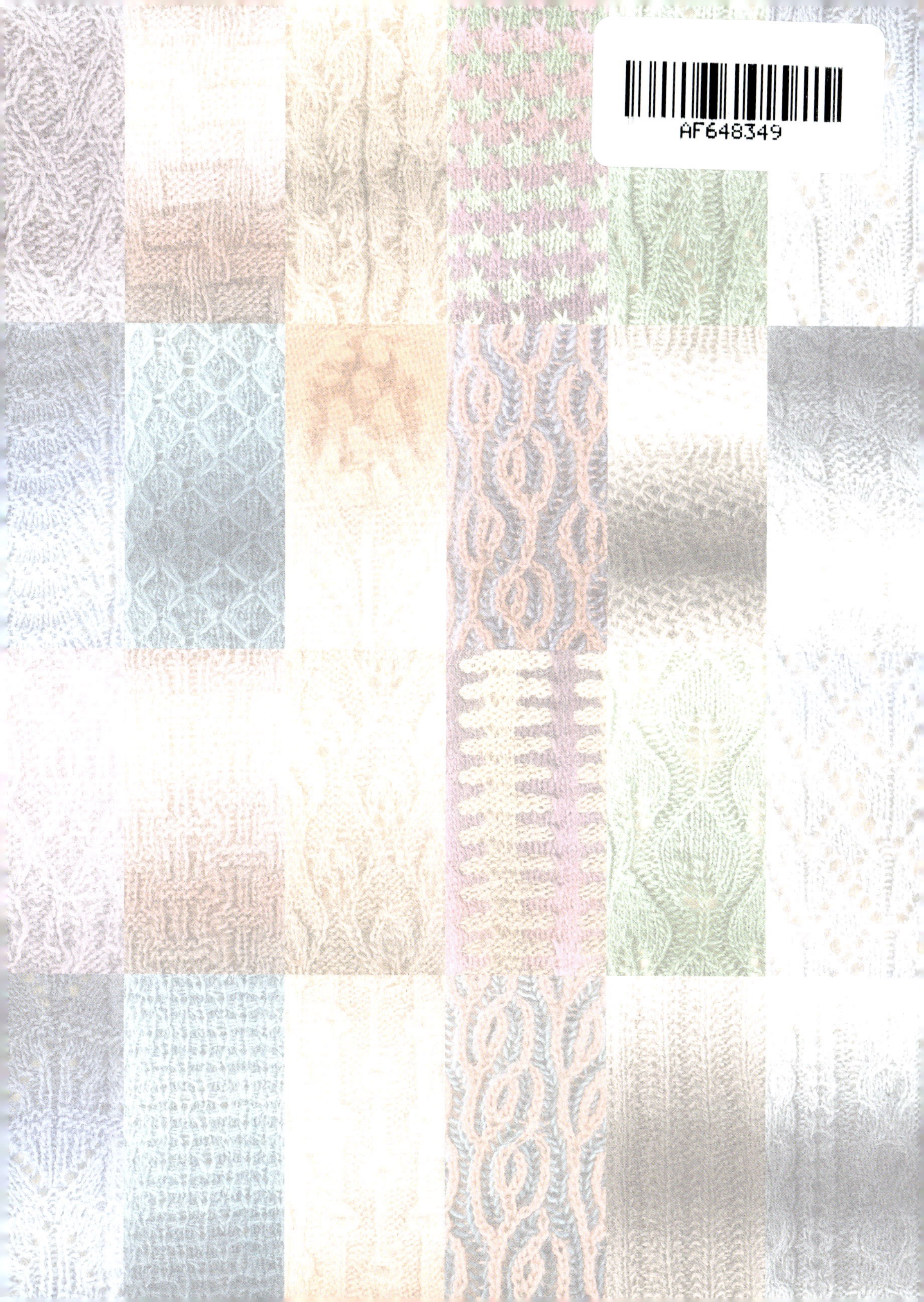

Woolly Hugs

VeronikaHug.com

MUSTERSOCKEN stricken

Mit der genialen Auf- & Ab-Ferse aus Year-Socks-Garn

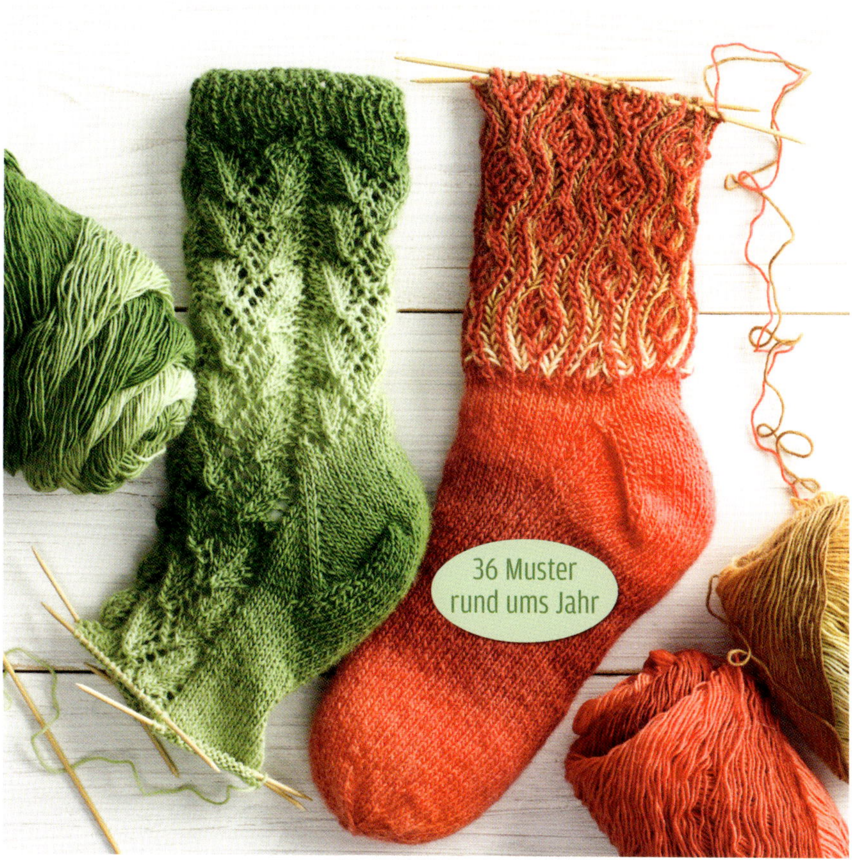

INHALT

TIPP

Die Banderole ist auf der Rückseite als Geschenk-Banderole gestaltet!

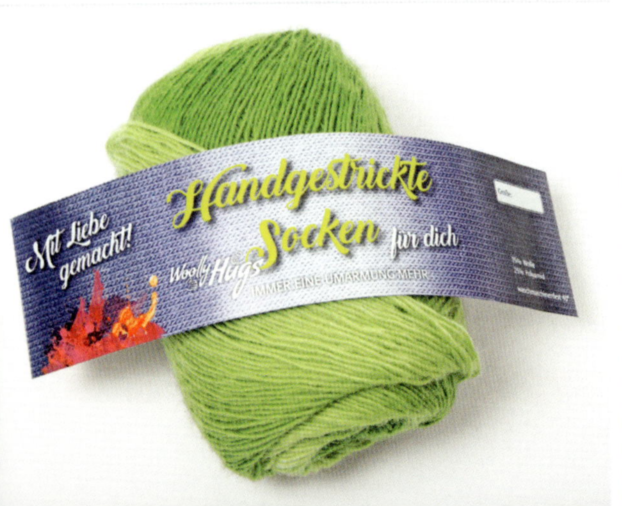

Liebe Sockenfans

Bei Erscheinen dieses Buchs sind unsere Millennium-Kinder 18 Jahre alt. Aufgewachsen im digitalen Zeitalter, in einer schnelllebigen und wandelbaren Zeit, wie sie noch keine Generation zuvor erlebt hat. Gleichzeitig ist Selbstgemachtes wieder so begehrt wie schon lange nicht mehr. Trotz – oder gerade wegen der Allgegenwärtigkeit der digitalen Technologie möchte man an den guten alten Zeiten festhalten. Und so werden die gestrickten Socken, die man noch aus Großmutters Zeiten kennt, plötzlich wieder gefeiert. Ist keine Omi da, die strickt, will man es schließlich selbst erlernen. Gut so!

Auch beim Sockenstricken hat sich ein kleiner Wandel vollzogen. Oft wird darüber diskutiert, ob es praktischer ist, die Socken ab Schaft (top-down) oder ab der Spitze (toe-up) zu stricken, und meist ist man sich sicher, dass die eigene Methode die beste ist. Das ist gewiss auch so, denn wenn einem eine Technik in Fleisch und Blut übergegangen ist, dann klappern die Nadeln in Windeseile vor sich hin.

Der Workshop auf den folgenden Seiten beschreibt, wie man Socken mit der GLEICHEN Technik mal vom Schaft und mal von der Spitze aus stricken kann. Und das Ergebnis sitzt immer perfekt!

Das Buch führt durch ein ganzes Jahr und zeigt für jeden Monat eine andere Farbe sowie eine andere Mustersocke, die jeweils vom Schaft und von der Spitze aus beschrieben ist. Zusätzlich gibt es zu jedem Monat zwei jahreszeitlich passende Mustervarianten. Auch die Muster für das Bündchen können getauscht werden, und so hat man sicher länger als nur ein Jahr zu tun, bis alle Techniken, Muster und Farben durchgestrickt sind.

Ich wünsche euch viel Spaß beim Aussuchen, Muster tauschen und Stricken – und stets warme Füße!

Eure Veronika Hug

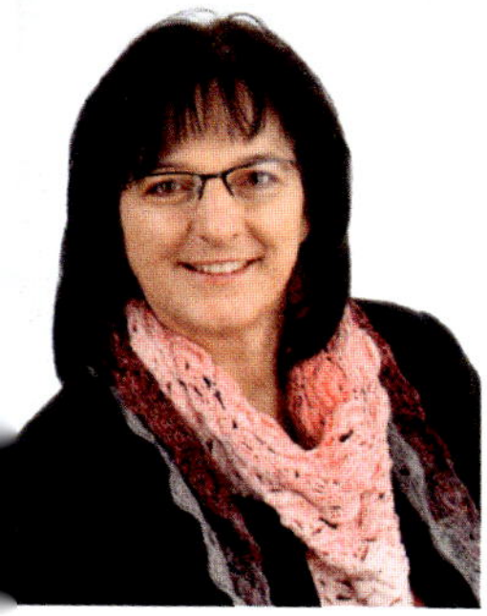

Woolly Hugs Immer eine Umarmung mehr!

Vielleicht möchtet ihr mir eure Werke auf facebook zeigen?
Alle Infos dazu findet ihr auf meiner Homepage www.VeronikaHug.com

WORKSHOP SOCKEN STRICKEN

MUSTER

Glatt rechts in Runden: Stets rechte Maschen stricken.
Glatt rechts in Reihen: Hinreihe rechte Maschen, Rückreihe linke Maschen stricken.
Glatt links in Runden: Stets linke Maschen stricken.
Glatt links in Reihen: Hinreihe linke Maschen, Rückreihe rechte Maschen stricken.

MATERIAL

- 100 g Woolly Hugs YEAR-SOCKS (75 % Schurwolle, 25 % Polyamid, Lauflänge ca. 400 m/100 g) von L&K (www.VeronikaHug.com):
- 1 Nadelspiel Nr. 2,5–3,5
- 1 Rundenmarkierer

SOCKE AB SPITZE

GRÖSSE 38/39

Der Maschenanschlag ist für jede Größe gleich. Für **die Fußspitze** 8 Maschen anschlagen, die Maschen auf 3 Nadeln verteilen (2 x 3 und 1 x 2 Maschen pro Nadel) und zur Runde schließen. Den Rundenanfang markieren. Soweit nicht anders angegeben, glatt rechts stricken.

Nun 1 Runde rechte Maschen stricken. In der folgenden Runde aus jeder Masche 1 Zunahme links der Masche (= 1 Links-Zunahme) arbeiten = 16 Maschen.
1 weitere Runde rechts stricken und in der folgenden Runde aus jeder 2. Masche 1 weitere Zunahme arbeiten = 24 Maschen. Danach die Maschen auf 4 Nadeln verteilen.
1 weitere Runde rechts stricken und in der folgenden Runde aus jeder 3. Masche 1 Zunahme arbeiten = 32 Maschen.
1 weitere Runde rechts stricken und in der folgenden Runde aus jeder 4. Masche 1 Zunahme arbeiten = 40 Maschen.
1 weitere Runde rechts stricken und in der folgenden Runde aus jeder 5. Masche 1 Zunahme arbeiten = 48 Maschen.
3 Runden rechts stricken und in der folgenden Runde aus jeder 6. Masche 1 Zunahme arbeiten = 56 Maschen (= je Nadel 14 Maschen). (Bild 1)

1
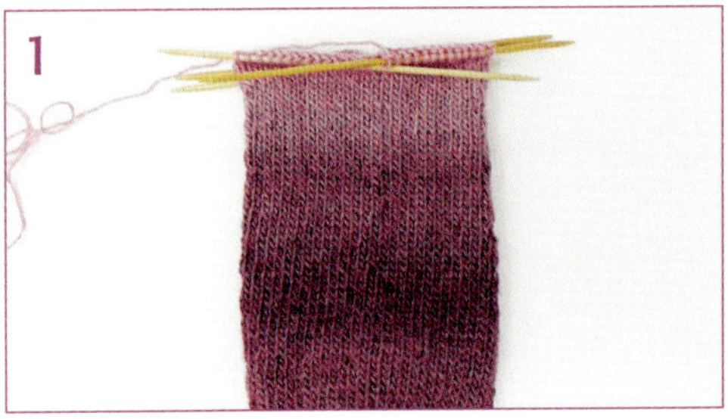

Nach 18 cm ab Anschlag **für den Rist und die Ferse** in jeder folgenden 2. Runde jeweils aus der 2.-letzten Masche der 1. und 3. Nadel 1 Rechts-Zunahme sowie aus der 2. Masche der 2. und 4. Nadel je 1 Links-Zunahme arbeiten = 4 Zunahmen je Runde.
Dieses Zunehmen noch 6 x in jeder folgenden 2. Runde wiederholen = 84 Maschen.
Anschließend die ersten 7 Maschen der 2. Nadel auf die 1. Nadel legen und die letzten 7 Maschen der 3. Nadel auf die 4. Nadel legen.

Nun befinden sich auf der 1. und 4. Nadel alle zugenommenen Maschen, also insgesamt 28 Maschen. Auf der 2. und 3. Nadel befindet sich jeweils die ursprüngliche Maschenzahl von 14 Maschen. (Bild 2)

2

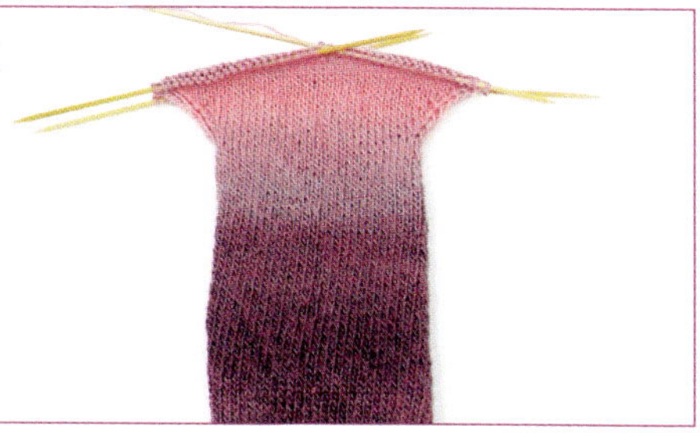

Für **das Käppchen** die Maschen wie folgt aufteilen: Die Maschen der 1. und 4. Nadel bilden die Sohle, die Maschen der 2. und 3. Nadel den Fußrücken. Bei Socken mit seitlichem Schaftmuster darauf achten, dass die Maschen gegengleich aufgeteilt werden.
Das Käppchen über den mittleren 20 Sohlenmaschen in hin- und hergehenden Reihen weiterarbeiten. Dafür * die ersten 9 Maschen der 1. Nadel rechts abstricken und die 10. Masche mit der folgenden Masche überzogen zusammenstricken, dann die Arbeit wenden, die 1. Masche abheben und alle Maschen der 2. Nadel links abstricken. Nun die ersten 9 Maschen der 4. Nadel links abstricken und die 10. Masche mit der folgenden Masche links zusammenstricken. Dann die Arbeit wenden, die 1. Masche abheben und die 9 Maschen der 4. Nadel rechts abstricken. Ab * so oft wiederholen, bis sich auf der 1. und 4. Nadel nur noch 1 Masche mehr befindet als vor Beginn von Rist und Ferse = jeweils 15 Maschen. (Bild 3)

3

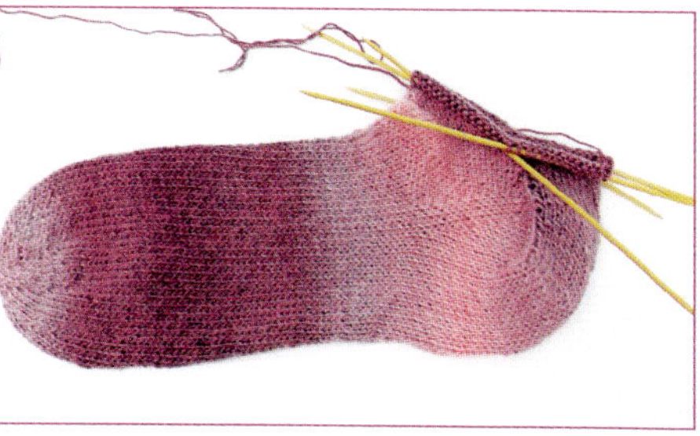

Für **den Schaft** 4 Runden rechte Maschen stricken, dabei in der 1. Runde die letzte Käppchen-Masche mit der folgenden Masche überzogen zusammenstricken und auf der anderen Seite die erste Käppchen-Masche mit der vorigen Masche rechts zusammenstricken. Somit ist die ursprüngliche Maschenzahl wieder erreicht = 56 Maschen.
Nach diesen insgesamt 4 Runden beginnt das Schaftmuster.

In gewünschter Musterhöhe für **das Bündchen** 3 cm im Rippenmuster (oder Bündchenmuster) stricken, dann alle Maschen locker **abketten**, wie sie erscheinen. Für einen lockeren Rand vor jeder 2. Masche einen Umschlag arbeiten wie folgt: Vor einer linken Masche den Umschlag wie gewohnt auf die Nadel legen, vor einer rechten Masche den Umschlag nicht von vorn nach hinten, sondern von hinten nach vorn um die Nadel legen. Diesen Umschlag beim Abketten mit überziehen. Wird der Rand dennoch zu eng, vor jeder Masche 1 Umschlag arbeiten, so bildet sich ein schöner, elastischer Abkettrand.

Zu beiden Sockentechniken gibt es eine Playlist mit vielen Tipps auf YouTube: https://goo.gl/1adfKp

WORKSHOP SOCKEN STRICKEN

SOCKE AB SCHAFT

Für **das Bündchen** 56 Maschen auf 4 Nadeln anschlagen (je 14 Maschen pro Nadel) und zur Runde schließen. Den Rundenanfang markieren. Nun ca. 3 cm im Rippenmuster (oder Bündchenmuster) stricken. Dann für **den Schaft** bis zur Wunschhöhe im Schaftmuster laut Anleitung arbeiten. (Bild 4)

4

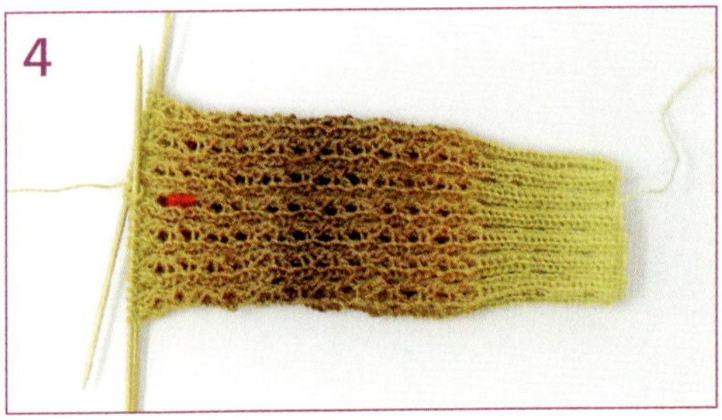

Anschließend 4 Runden rechte Maschen stricken. Danach für **den Rist und die Ferse** auf die gleiche Weise zunehmen wie bei der Socke ab Spitze beschrieben = 84 Maschen.

Danach **das Käppchen** ebenfalls auf die gleiche Weise arbeiten wie bei der Socke ab Spitze = 56 Maschen.
Bei Socken mit seitlichem Schaftmuster darauf achten, dass die Maschen gegengleich aufgeteilt werden.

Nun für den Fuß rechte Maschen stricken. (Bild 5)

5

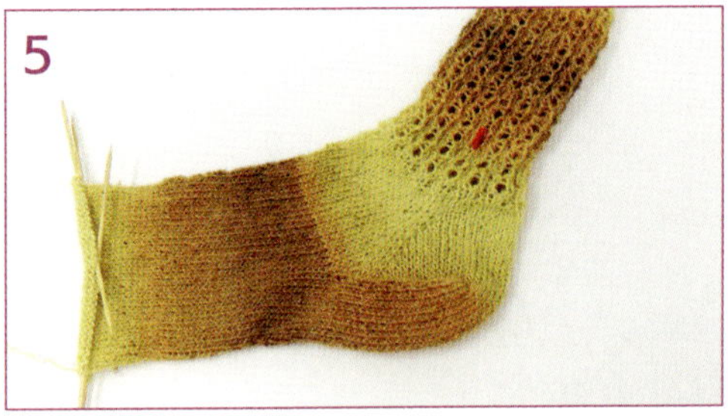

Nach 21 cm ab rückwärtiger Fersenwand gemessen für **die Fußspitze** wie folgt Maschen abnehmen: In der folgenden Runde fortlaufend jede 6. und 7. Masche rechts zusammenstricken = 48 Maschen. Nun 3 Runden rechte Maschen stricken. In der folgenden Runde fortlaufend jede 5. und 6. Masche rechts zusammenstricken = 40 Maschen. Nun 1 Runde rechte Maschen stricken. Anschließend fortlaufend jede 4. und 5. Masche rechts zusammenstricken = 32 Maschen. Nach 1 Runde rechter Maschen jede 3. und 4. Masche rechts zusammenstricken = 24 Maschen. Noch 2 x in jeder folgenden 2. Runde über den gleichen Stellen 2 Maschen rechts zusammenstricken. Über den restlichen 8 Maschen noch 1 Runde rechte Maschen stricken, dann die Maschen mit dem Arbeitsfaden fest zusammenziehen und vernähen.

GRÖSSENTABELLE

MASCHENPROBE MIT NADELN NR. 2-3 GLATT RECHTS GESTRICKT:
28 MASCHEN X 40 REIHEN = 10 X 10 CM

Größe	16/17	18/19	20/21	22/23	24/25	26/27	28/29	30/31
Fußlänge in cm	10,5	12	13,5	14,5	15,5	17	18	19
Maschenzahl für Fußrücken und Sohle	32	36	40	40	44	44	48	48
ab Spitze bis Beginn Rist und Ferse in cm	7	8,5	10	10,5	11,5	12,5	13	13,5
Anzahl Zunahmen für Rist und Ferse	2	2	3	3	3	4	4	5
Gesamt-Maschenzahl nach Zunahmen für Rist und Ferse	40	44	52	52	56	60	64	68
Maschenzahl Käppchen	10	10	10	12	12	14	14	16
Anzahl Käppchenreihen	6	6	10	10	10	14	14	18
Maschenzahl für Schaft	32	36	40	40	44	44	48	48
Beginn der Spitze ab Käppchenmitte in cm	9	10	11	12	13	14	15	16

Größe	32/33	34/35	36/37	38/39	40/41	42/43	44/45	46/47
Fußlänge in cm	20,5	22	23,5	25	26,5	27,5	28,5	30
Maschenzahl für Fußrücken und Sohle	52	52	56	56	60	60	64	64
ab Spitze bis Beginn Rist und Ferse in cm	15	15,5	17	18	19,5	20	21,5	22,5
Anzahl Zunahmen für Rist und Ferse	5	6	6	7	7	8	8	9
Gesamt-Maschenzahl nach Zunahmen für Rist und Ferse	72	76	80	84	88	92	96	100
Maschenzahl Käppchen	16	18	18	20	20	22	22	24
Anzahl Käppchenreihen	18	22	22	26	26	30	30	34
Maschenzahl für Schaft	52	52	56	56	60	60	64	64
Beginn der Spitze ab Käppchenmitte in cm	17	18,5	19,5	21	22	23	24	25,5

JANUAR

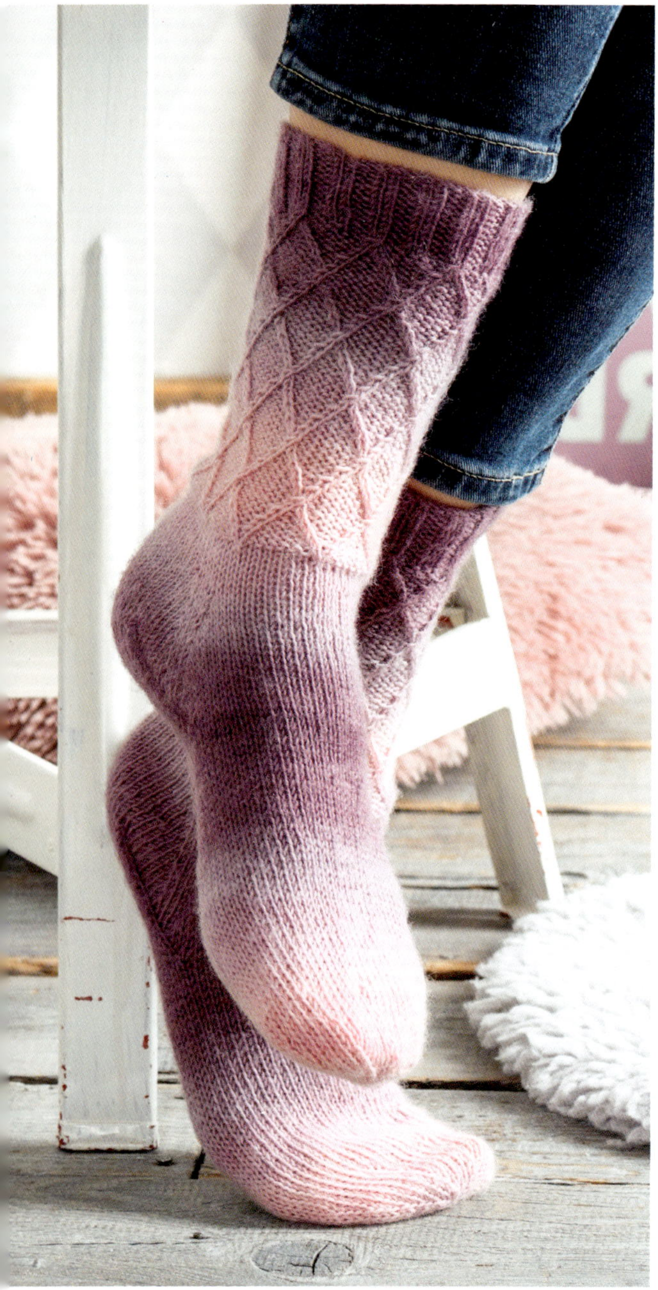

GRÖSSE 38/39 (40/41)

MATERIAL

- Woolly Hugs YEAR-SOCKS (75 % Schurwolle, 25 % Polyamid, Lauflänge ca. 400 m/100 g) von L&K (www.VeronikaHug.com): 100 g Flieder-Töne (Farbe Januar – 01)
- 1 Nadelspiel Nr. 2,5–3,5
- 1 Zopf- oder Hilfsnadel
- 1 Rundenmarkierer

MUSTER

Glatt rechts: Stets rechte Maschen stricken.

Rippenmuster: 2 Maschen rechts, 2 Maschen links im Wechsel stricken.

Rautenmuster 1: Die Maschenzahl muss durch 8 teilbar sein. Laut Strickschrift 1 arbeiten. Es sind nur die ungeraden Runden gezeichnet. In den geraden Runden alle Maschen stricken, wie sie erscheinen. Die 1.–16. Runde stets wiederholen.

MASCHENPROBE GLATT RECHTS:
28 Maschen x 40 Reihen = 10 x 10 cm

RAUTENMUSTER 1

SOCKEN AB SPITZE:

8 Maschen anschlagen und für die **Spitze** 5 x in jeder 2. Runde und 1 x in der folgenden 4. Runde je 8 Maschen zunehmen. Für Größe 40/41 in der folgenden 4. Runde auf jeder Nadel 1 Masche zunehmen = 56 (60) Maschen. Es befinden sich auf jeder Nadel 14 (15) Maschen. Glatt rechts stricken.

Für **Rist und Ferse** nach 18 (19,5) cm ab Anschlag 7 x in jeder 2. Runde je 4 Maschen laut Workshop zunehmen = 84 (88) Maschen. Anschließend die ersten 7 Maschen der 2. Nadel auf die 1. Nadel legen und die letzten 7 Maschen der 3. Nadel auf die 4. Nadel legen. Nun befinden sich je 28 (30) Maschen auf der 1. und 4. Nadel und je 14 (15) Maschen auf der 2. und 3. Nadel.

Das **Käppchen** über den mittleren 20 Maschen der 1. und 4. Nadel laut Workshop arbeiten und für das Käppchen so viele hin- und hergehende Reihen arbeiten, bis nur noch je 15 (16) Maschen auf der 1. und 4. Nadel liegen. Die letzte Käppchen-Runde über alle Maschen arbeiten, dabei in dieser Runde die letzte Käppchenmasche mit der folgenden Masche überzogen zusammenstricken und die 1. Käppchenmasche mit der Masche davor rechts zusammenstricken = 56 (60) Maschen.

Nach weiteren 3 Runden glatt rechts für den **Schaft** im Rautenmuster 1 weiterarbeiten, dabei für Größe 40/41 in der 1. Runde zum Musterausgleich 4 Maschen zunehmen = 56 (64) Maschen.

Nach 15 (17) cm ab Beginn des Rautenmusters für das **Bündchen** im Rippenmuster weiterarbeiten, dabei in der 1. Runde für Größe 40/41 wieder 4 Maschen abnehmen = 56 (60) Maschen. Nach 3 cm im Rippenmuster alle Maschen locker abketten (siehe Workshop).

SOCKEN AB SCHAFT:

56 (60) Maschen anschlagen und für das **Bündchen** 3 cm im Rippenmuster stricken, dann für den **Schaft** 15 (17) cm im Rautenmuster 1 stricken, dabei für Größe 40/41 in der 1. Runde zum Musterausgleich 4 Maschen zunehmen und diese in der letzten Runde wieder abnehmen. Anschließend 4 Runden rechte Maschen stricken. Nun für **Rist und Ferse** die Maschen zunehmen wie bei der Socke ab Spitze beschrieben, auch das Käppchen genauso arbeiten.

Über den restlichen 56 (60) Maschen für den Fuß glatt rechts weiterarbeiten. Nach 21 (22) cm Fußlänge für die **Spitze** laut Workshop die Maschen abnehmen. Dafür für Größe 40/41 auf jeder Nadel 1 Masche abnehmen und weitere 3 Runden rechte Maschen stricken. Dann für beide Größen 1 x in der folgenden Runde und noch 1 x in der folgenden 4. Runde je 8 Maschen abnehmen. Anschließend noch 4 x in jeder 2. Runde je 8 Maschen abnehmen. Die letzten 8 Maschen mit dem Arbeitsfaden zusammenziehen und diesen vernähen.

STRICKSCHRIFT 1

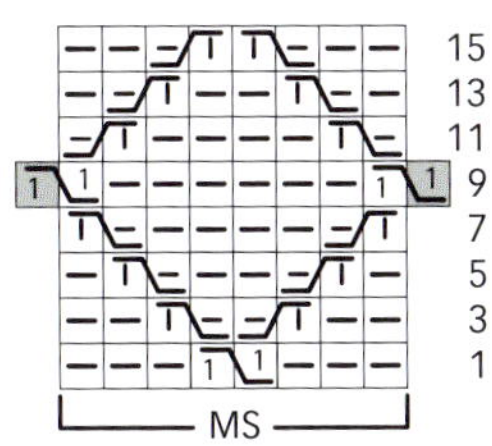

RAUTENMUSTER 2

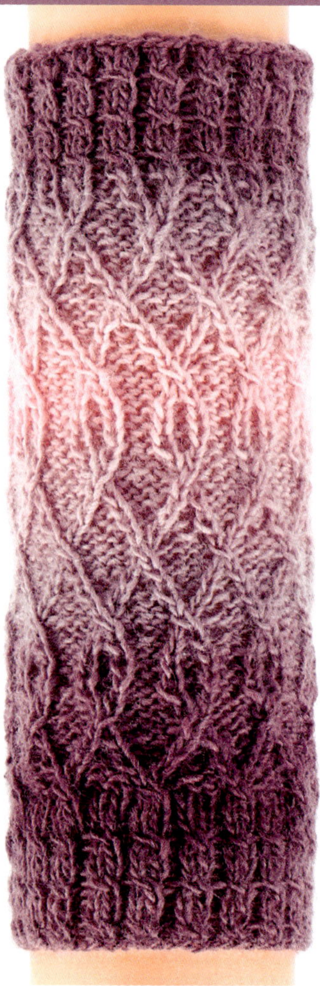

MUSTER

Bündchen: Die Maschenzahl muss durch 3 teilbar sein. Laut Strickschrift 2 arbeiten. Es sind nur die ungeraden Runden gezeichnet. In den geraden Runden alle Maschen stricken, wie sie erscheinen. Den Mustersatz (MS) und die 1.–4. Runde stets wiederholen.

Rautenmuster 2: Die Maschenzahl muss durch 6 teilbar sein. Laut Strickschrift 3 arbeiten. Es sind nur die ungeraden Runden gezeichnet. In den geraden Runden alle Maschen stricken, wie sie erscheinen. Den Mustersatz (MS) und die 1.–20. Runde stets wiederholen.

Hinweis: Für Größe 38/39 wurden 60 Maschen angeschlagen.

STRICKSCHRIFT 2

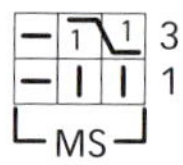

STRICKSCHRIFT 3

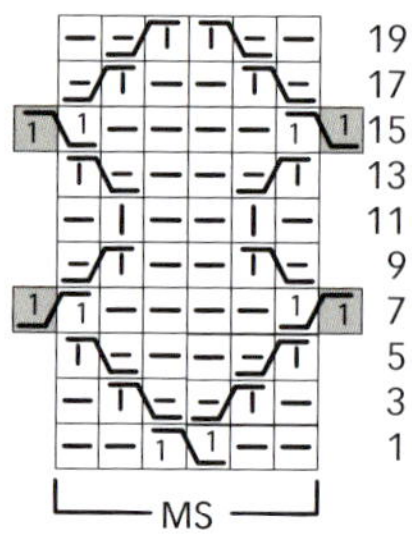

ZEICHENERKLÄRUNG

[symbol] = 1 Masche rechts

[symbol] = 1 Masche links

[symbol] = 1 rechte und 1 linke Masche nach rechts verzopfen (= 1 Masche auf 1 Zopfnadel hinter die Arbeit legen, die folgende Masche rechts stricken, dann die Masche der Zopfnadel links stricken)

[symbol] = 1 linke und 1 rechte Masche nach links verzopfen (= 1 Masche auf 1 Zopfnadel vor die Arbeit legen, die folgende Masche links stricken, dann die Masche der Zopfnadel rechts stricken)

[symbol] = 2 rechte Maschen nach links verzopfen (= 1 Masche auf 1 Zopfnadel vor die Arbeit legen, die folgende Masche rechts stricken, dann die Masche der Zopfnadel rechts stricken)

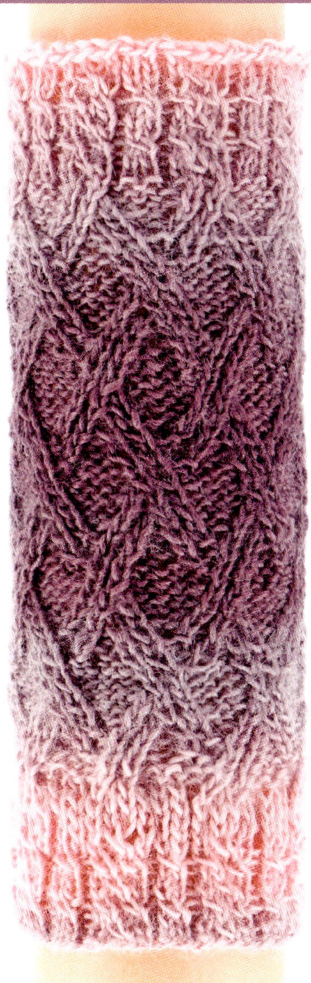

MUSTER

Bündchen: Die Maschenzahl muss durch 16 teilbar sein. Laut Strickschrift 4 arbeiten. Es sind nur die ungeraden Runden gezeichnet. In den geraden Runden alle Maschen stricken, wie sie erscheinen. Den Mustersatz (MS) und die 1.–10. Runde 1 x arbeiten.

Rautenmuster 3: Wie Bündchenmuster, jedoch laut Strickschrift 5 arbeiten. Den Mustersatz und die 1.–16. Runde stets wiederholen.

Hinweis: Für Größe 38/39 wurden 64 Maschen angeschlagen.

STRICKSCHRIFT 4

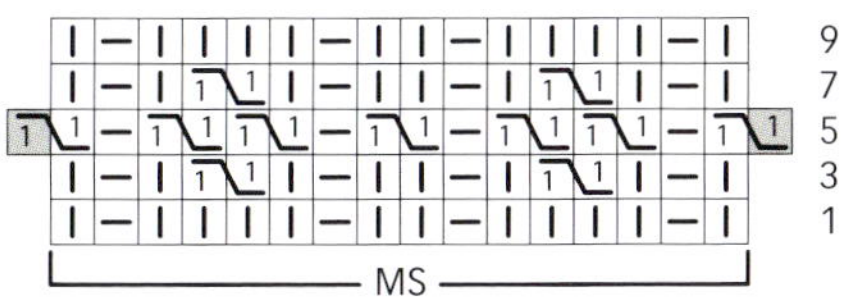

STRICKSCHRIFT 5

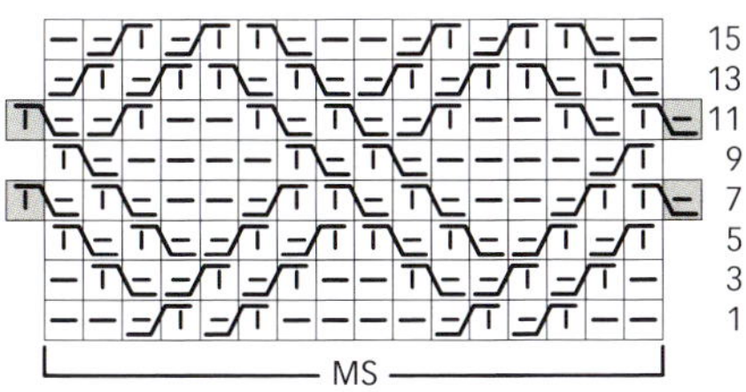

 = 2 rechte Maschen nach rechts verzopfen (= 1 Masche auf 1 Zopfnadel hinter die Arbeit legen, die folgende Masche rechts stricken, dann die Masche der Zopfnadel rechts stricken)

MS = Mustersatz

FEBRUAR

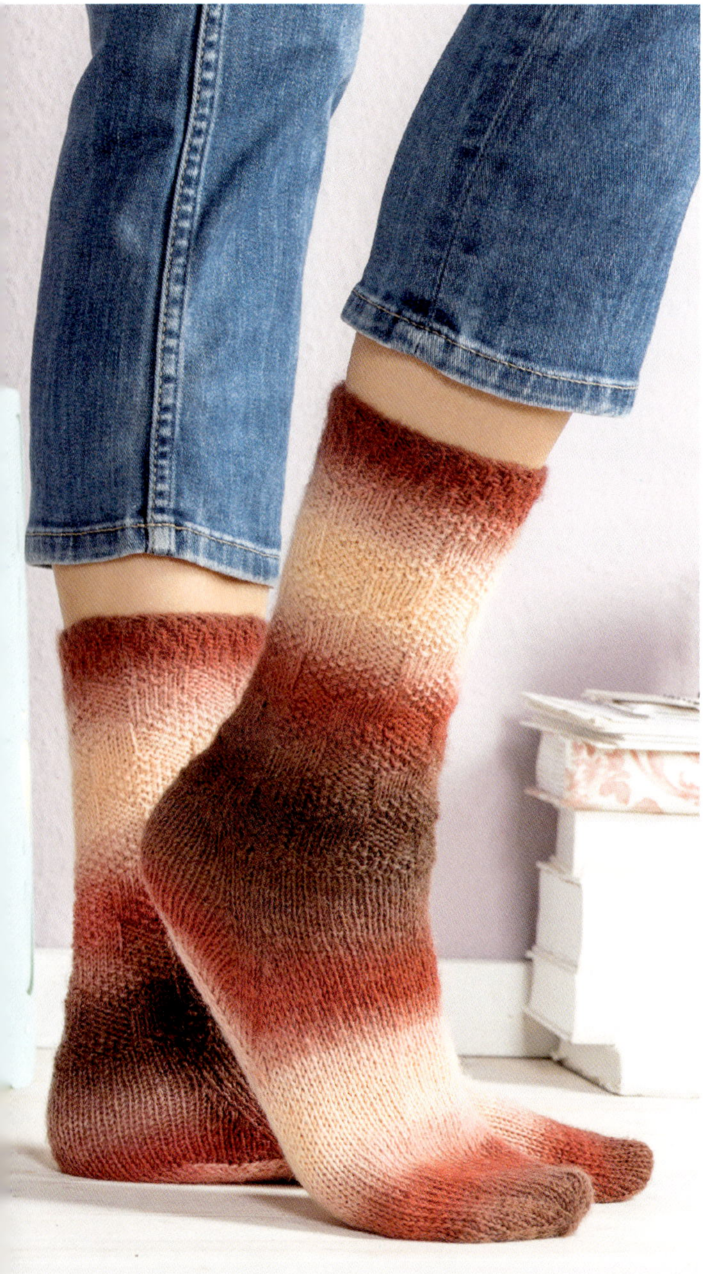

GRÖSSE 38/39 (40/41)

MATERIAL

- Woolly Hugs YEAR-SOCKS (75 % Schurwolle, 25 % Polyamid, Lauflänge ca. 400 m/100 g) von L&K (www.VeronikaHug.com): 100 g Rost-Töne (Farbe Februar – 02)
- 1 Nadelspiel Nr. 2,5–3,5
- 1 Rundenmarkierer

STRICKSCHRIFT 1

I	–	I	–	I	–	I	–	I	–	I	–	22
–	I	–	I	–	–	I	I	–	I	–	I	21
I	–	I	–	–	–	I	I	I	–	I	–	20
–	I	–	–	–	–	I	I	I	I	–	I	19
I	–	–	–	–	–	I	I	I	I	I	–	18
–	–	–	–	–	–	I	I	I	I	I	I	17
–	–	–	–	–	I	–	I	I	I	I	I	16
–	–	–	–	I	–	I	–	I	I	I	I	15
–	–	–	I	–	I	–	I	–	I	I	I	14
–	–	I	–	I	–	I	–	I	–	I	I	13
–	I	–	I	–	I	–	I	–	I	–	I	12
I	–	I	–	I	–	I	–	I	–	I	–	11
I	I	–	I	–	I	–	I	–	I	–	–	10
I	I	I	–	I	–	I	–	I	–	–	–	9
I	I	I	I	–	I	–	I	–	–	–	–	8
I	I	I	I	I	–	I	–	–	–	–	–	7
I	I	I	I	I	I	–	–	–	–	–	–	6
–	I	I	I	I	I	–	–	–	–	–	I	5
I	–	I	I	I	I	–	–	–	–	I	–	4
–	I	–	I	I	I	–	–	–	I	–	I	3
I	–	I	–	I	I	–	–	I	–	I	–	2
–	I	–	I	–	I	–	I	–	I	–	I	1

MS

STRUKTURMUSTER 1

MUSTER

Glatt rechts: Stets rechte Maschen stricken.
Rippenmuster: 1.–4. Runde: 1 Masche rechts, 1 Masche links im Wechsel; **5.–8. Runde:** 1 Masche links, 1 Masche rechts im Wechsel; **9.–12. Runde:** 1 Masche rechts, 1 Masche links im Wechsel.
Strukturmuster 1: Die Maschenzahl muss durch 12 teilbar sein. Laut Strickschrift 1 arbeiten. Den Mustersatz (MS) und die 1.–22. Runde stets wiederholen.

MASCHENPROBE GLATT RECHTS:
28 Maschen x 40 Reihen = 10 x 10 cm

SOCKEN AB SPITZE:

8 Maschen anschlagen und für die **Spitze** 5 x in jeder 2. Runde und 1 x in der folgenden 4. Runde je 8 Maschen zunehmen. Für Größe 40/41 in der folgenden 4. Runde auf jeder Nadel 1 Masche zunehmen = 56 (60) Maschen. Es befinden sich auf jeder Nadel 14 (15) Maschen. Glatt rechts stricken.
Für **Rist und Ferse** nach 18 (19,5) cm ab Anschlag 7 x in jeder 2. Runde je 4 Maschen laut Workshop zunehmen = 84 (88) Maschen. Anschließend die ersten 7 Maschen der 2. Nadel auf die 1. Nadel legen und die letzten 7 Maschen der 3. Nadel auf die 4. Nadel legen. Nun befinden sich je 28 (30) Maschen auf der 1. und 4. Nadel und je 14 (15) Maschen auf der 2. und 3. Nadel. Das **Käppchen** über den mittleren 20 Maschen der 1. und 4. Nadel laut Workshop arbeiten und für das Käppchen so viele hin- und hergehende Reihen arbeiten, bis nur noch je 15 (16) Maschen auf der 1. und 4. Nadel liegen. Die letzte Käppchen-Runde über alle Maschen arbeiten, dabei in dieser Runde die letzte Käppchenmasche mit der folgenden Masche überzogen zusammenstricken und die 1. Käppchenmasche mit der Masche davor rechts zusammenstricken = 56 (60) Maschen. Nach weiteren 3 Runden glatt rechts für den **Schaft** im Strukturmuster 1 weiterarbeiten, dabei zum Musterausgleich für Größe 38/39 in der 1. Runde gleichmäßig verteilt 4 Maschen zunehmen = 60 Maschen.
Nach 15 (17) cm ab Beginn des Strukturmusters für das **Bündchen** im Rippenmuster stricken, dabei für Größe 38/39 in der 1. Runde wieder 4 Maschen abnehmen = 56 (60) Maschen. Nach 12 Runden im Rippenmuster alle Maschen locker abketten (siehe Workshop).

SOCKEN AB SCHAFT:

56 (60) Maschen anschlagen und für das **Bündchen** 12 Runden im Rippenmuster stricken, dabei für Größe 38/39 in der letzten Runde gleichmäßig verteilt 4 Maschen zunehmen = 60 Maschen. Dann für den **Schaft** 15 (17) cm im Strukturmuster 1 stricken. Anschließend 4 Runden rechte Maschen stricken, dabei für Größe 38/39 in der 1. Runde wieder 4 Maschen abnehmen = 56 (60) Maschen. Nun für **Rist und Ferse** die Maschen zunehmen wie bei der Socke ab Spitze beschrieben, auch das Käppchen genauso arbeiten.
Über den restlichen 56 (60) Maschen für den Fuß glatt rechts weiterarbeiten. Nach 21 (22) cm Fußlänge für die **Spitze** laut Workshop die Maschen abnehmen. Dafür für Größe 40/41 auf jeder Nadel 1 Masche abnehmen und weitere 3 Runden rechte Maschen stricken. Dann für beide Größen 1 x in der folgenden Runde und noch 1 x in der folgenden 4. Runde je 8 Maschen abnehmen. Anschließend noch 4 x in jeder 2. Runde je 8 Maschen abnehmen. Die letzten 8 Maschen mit dem Arbeitsfaden zusammenziehen und diesen vernähen.

STRUKTURMUSTER 2

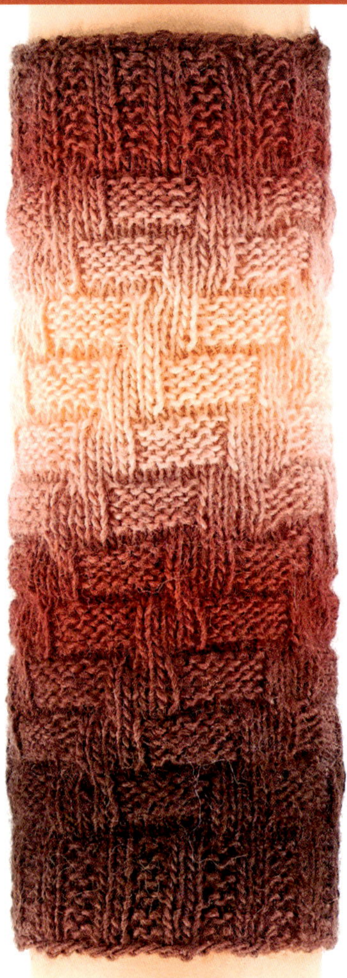

MUSTER

Bündchen: Die Maschenzahl muss durch 4 teilbar sein. **1. Runde:** 2 Maschen rechts, 2 Maschen links im Wechsel; **2. Runde:** rechte Maschen. Die 1. und 2. Runde stets wiederholen.

Strukturmuster 2: Die Maschenzahl muss durch 10 teilbar sein. Laut Strickschrift 2 arbeiten. Den Mustersatz (MS) und die 1.–30. Runde stets wiederholen.

Hinweis: Für Größe 38/39 wurden 56 Maschen angeschlagen und nach bzw. vor dem Bündchen 4 Maschen zugenommen = 60 Maschen.

STRICKSCHRIFT 2

–	–	I	I	I	I	–	–	–	–	30
–	–	I	I	I	I	–	–	–	–	29
–	–	I	I	I	I	–	–	–	–	28
–	–	I	I	I	I	–	–	–	–	27
I	I	I	I	I	I	I	I	I	I	26
I	I	I	I	I	I	I	I	I	I	25
I	I	I	I	–	–	–	–	–	–	24
I	I	I	I	–	–	–	–	–	–	23
I	I	I	I	–	–	–	–	–	–	22
I	I	I	I	–	–	–	–	–	–	21
I	I	I	I	I	I	I	I	I	I	20
I	I	I	I	I	I	I	I	I	I	19
I	I	–	–	–	–	–	–	I	I	18
I	I	–	–	–	–	–	–	I	I	17
I	I	–	–	–	–	–	–	I	I	16
I	I	–	–	–	–	–	–	I	I	15
I	I	I	I	I	I	I	I	I	I	14
I	I	I	I	I	I	I	I	I	I	13
–	–	–	–	–	–	I	I	I	I	12
–	–	–	–	–	–	I	I	I	I	11
–	–	–	–	–	–	I	I	I	I	10
–	–	–	–	–	–	I	I	I	I	9
I	I	I	I	I	I	I	I	I	I	8
I	I	I	I	I	I	I	I	I	I	7
–	–	–	–	I	I	I	I	–	–	6
–	–	–	–	I	I	I	I	–	–	5
–	–	–	–	I	I	I	I	–	–	4
–	–	–	–	I	I	I	I	–	–	3
I	I	I	I	I	I	I	I	I	I	2
I	I	I	I	I	I	I	I	I	I	1

MS

ZEICHENERKLÄRUNG

I = 1 Masche rechts

– = 1 Masche links

MS = Mustersatz

STRUKTURMUSTER 3

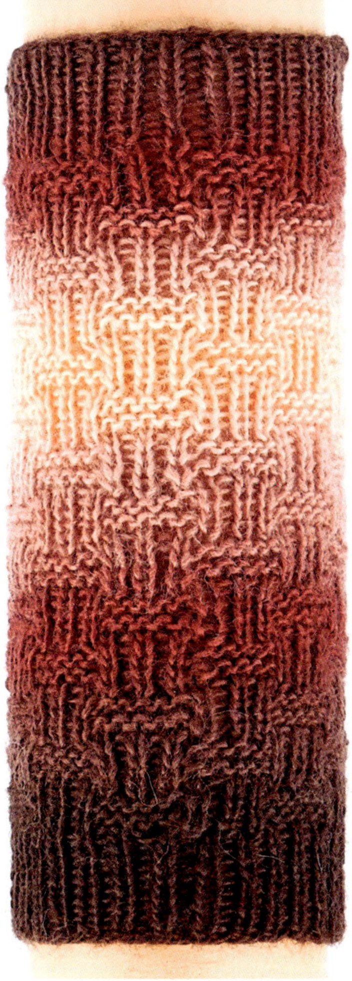

MUSTER

Bündchen: 1 Masche rechts, 1 Masche links im Wechsel.

Strukturmuster 3: Die Maschenzahl muss durch 10 teilbar sein. Laut Strickschrift 3 arbeiten. Den Mustersatz (MS) und die 1.–10. Runde stets wiederholen.

Hinweis: Für Größe 38/39 wurden 56 Maschen angeschlagen und nach bzw. vor dem Bündchen 4 Maschen zugenommen = 60 Maschen.

STRICKSCHRIFT 3

I	—	I	—	I	I	I	I	I	I	10
I	—	I	—	I	—	—	—	—	—	9
I	—	I	—	I	I	I	I	I	I	8
I	—	I	—	I	—	—	—	—	—	7
I	—	I	—	I	I	I	I	I	I	6
I	I	I	I	I	I	—	I	—	I	5
—	—	—	—	—	I	—	I	—	I	4
I	I	I	I	I	I	—	I	—	I	3
—	—	—	—	—	I	—	I	—	I	2
I	I	I	I	I	I	—	I	—	I	1

MS

MÄRZ

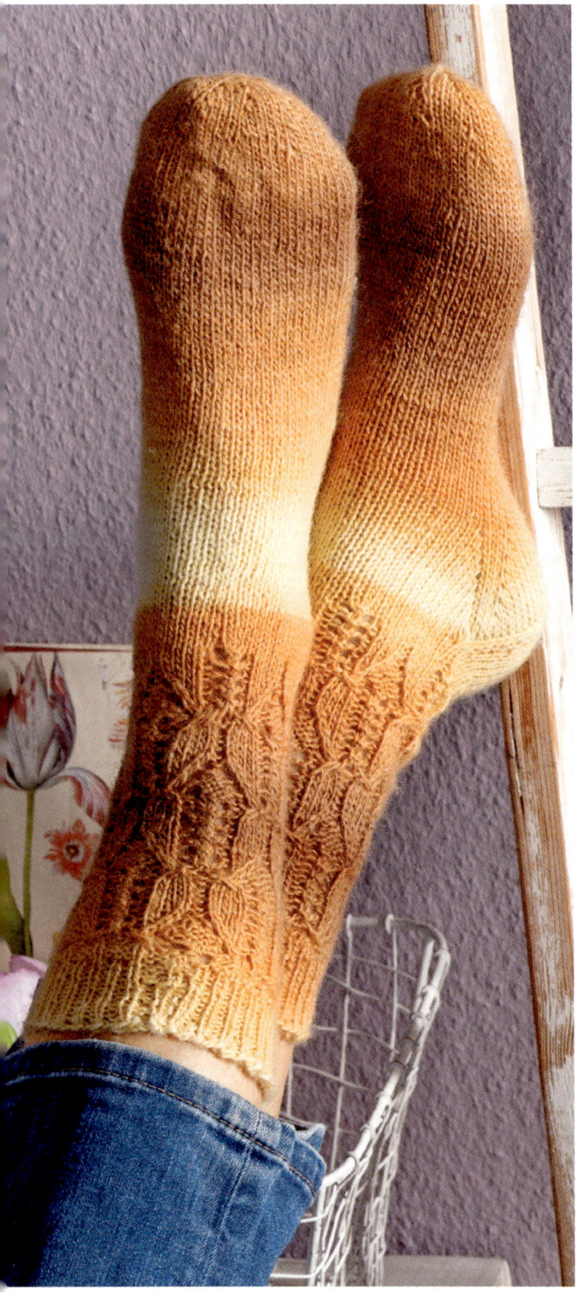

GRÖSSE 22/23 (38/39)

MATERIAL

- Woolly Hugs YEAR-SOCKS (75 % Schurwolle, 25 % Polyamid, Lauflänge ca. 400 m/100 g) von L&K (www.VeronikaHug.com): 50 (100) g Gelb-Töne (Farbe März – 03)
- 1 Nadelspiel Nr. 2,5–3,5; 1 Zopf- oder Hilfsnadel
- 1 Rundenmarkierer

MUSTER

Glatt rechts: Stets rechte Maschen stricken.
Rippenmuster: 1 Masche rechts, 1 Masche links im Wechsel stricken.
Zopf-Ajourmuster 1: Die Maschenzahl muss durch 14 teilbar sein. Laut Strickschrift 1 arbeiten. Es sind nur die ungeraden Runden gezeichnet. In den geraden Runden alle Maschen stricken, wie sie erscheinen, Umschläge rechts stricken. Die 1.–24. Runde stets wiederholen. Die Pfeile neben der Strickschrift zeigen an, wenn sich der Rundenbeginn um 1 Masche verschiebt. Beim Pfeil nach rechts 1 Masche von der folgenden Nadel auf die vorige Nadel heben, beim Pfeil nach links genau umgekehrt.

MASCHENPROBE GLATT RECHTS:
28 Maschen x 40 Reihen = 10 x 10 cm

STRICKSCHRIFT 1

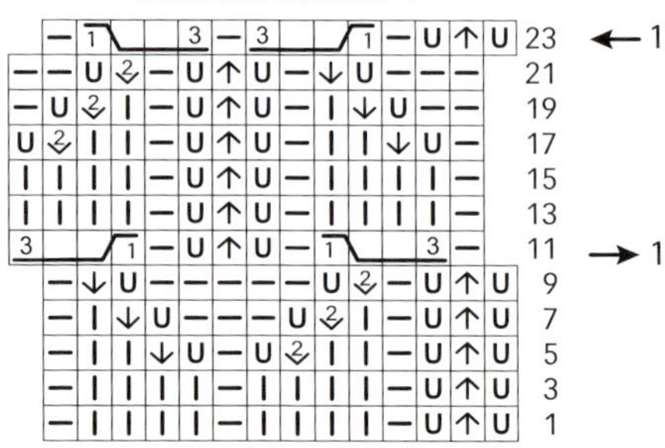

ZOPF-AJOURMUSTER 1

SOCKEN AB SPITZE:

8 Maschen anschlagen und für die **Spitze** 3 (5) x in jeder 2. Runde und 1 x in der folgenden 4. Runde je 8 Maschen zunehmen = 40 (56) Maschen. Es befinden sich auf jeder Nadel 10 (14) Maschen. Glatt rechts stricken.

Für **Rist und Ferse** nach 10,5 (18) cm ab Anschlag 3 (7) x in jeder 2. Runde je 4 Maschen laut Workshop zunehmen = 52 (84) Maschen. Anschließend die ersten 3 (7) Maschen der 2. Nadel auf die 1. Nadel legen und die letzten 3 (7) Maschen der 3. Nadel auf die 4. Nadel legen. Nun befinden sich je 16 (28) Maschen auf der 1. und 4. Nadel und je 10 (14) Maschen auf der 2. und 3. Nadel.

Das **Käppchen** über den mittleren 12 (20) Maschen der 1. und 4. Nadel laut Workshop arbeiten und für das Käppchen so viele hin- und hergehende Reihen arbeiten, bis nur noch je 11 (15) Maschen auf der 1. und 4. Nadel liegen. Die letzte Käppchen-Runde über alle Maschen arbeiten, dabei in dieser Runde die letzte Käppchenmasche mit der folgenden Masche überzogen zusammenstricken und die 1. Käppchenmasche mit der Masche davor rechts zusammenstricken = 40 (56) Maschen.

Nach weiteren 3 Runden glatt rechts für den **Schaft** im Zopf-Ajourmuster 1 weiterarbeiten, dabei zum Musterausgleich für Größe 22/23 in der 1. Runde gleichmäßig verteilt 2 Maschen zunehmen = 42 (56) Maschen.

Nach 12 (15) cm ab Beginn des Zopf-Ajourmusters für das **Bündchen** im Rippenmuster stricken, dabei für Größe 22/23 in der 1. Runde wieder 2 Maschen abnehmen = 40 (56) Maschen. Nach 3 cm im Rippenmuster alle Maschen locker abketten (siehe Workshop).

SOCKEN AB SCHAFT:

40 (56) Maschen anschlagen und für das Bündchen 3 cm im Rippenmuster stricken, dabei für Größe 22/23 in der letzten Runde gleichmäßig verteilt 2 Maschen zunehmen = 42 (56) Maschen. Dann für den Schaft 12 (15) cm im Zopf-Ajourmuster 1 stricken. Anschließend 4 Runden rechte Maschen stricken, dabei für Größe 22/23 in der 1. Runde wieder 2 Maschen abnehmen = 40 (56) Maschen. Nun für Rist und Ferse die Maschen zunehmen wie bei der Socke ab Spitze beschrieben, auch das Käppchen genauso arbeiten. Über den restlichen 40 (56) Maschen für den Fuß glatt rechts weiterarbeiten. Nach 12 (21) cm Fußlänge für die Spitze laut Workshop die Maschen abnehmen. Dafür 1 x in der folgenden Runde und noch 1 x in der folgenden 4. Runde je 8 Maschen abnehmen. Anschließend noch 2 (4) x in jeder 2. Runde je 8 Maschen abnehmen. Die letzten 8 Maschen mit dem Arbeitsfaden zusammenziehen und diesen vernähen.

ZEICHENERKLÄRUNG

- ▢ = keine Bedeutung, das Kästchen dient der besseren Übersicht
- I = 1 Masche rechts
- – = 1 Masche links
- U = 1 Umschlag
- ⤥ = 2 Maschen rechts zusammenstricken
- ↓ = 1 einfacher Überzug
- ↑ = 1 doppelter Überzug
- 1⟍3 = 4 Maschen nach links verzopfen (= 1 Masche auf 1 Zopfnadel vor die Arbeit legen, die folgenden 3 Maschen rechts stricken, dann die Masche der Zopfnadel rechts stricken)

ZOPF-AJOURMUSTER 2

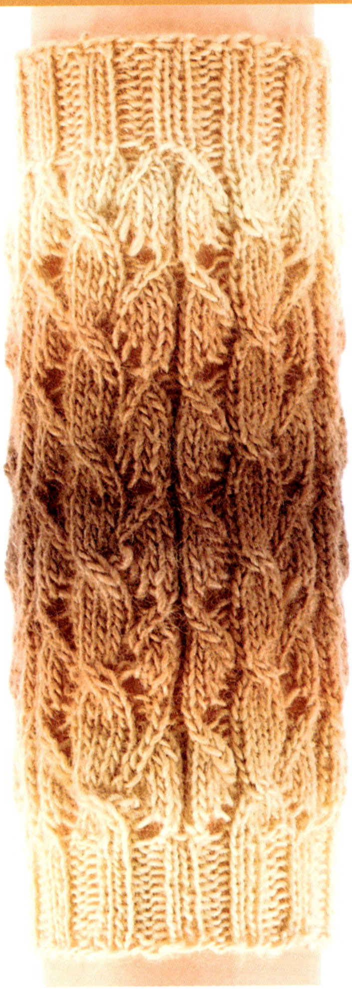

MUSTER

Bündchen: Die Maschenzahl muss durch 4 teilbar sein. 2 Maschen rechts, 2 Maschen links im Wechsel stricken.

Zopf-Ajourmuster 2: Die Maschenzahl muss durch 10 teilbar sein. Laut Strickschrift 2 arbeiten. Den Mustersatz (MS) und die 1.–10. Runde stets wiederholen.

Hinweis: Für Größe 38/39 wurden 56 Maschen angeschlagen und nach bzw. vor dem Bündchen 4 Maschen zugenommen = 60 Maschen.

STRICKSCHRIFT 2

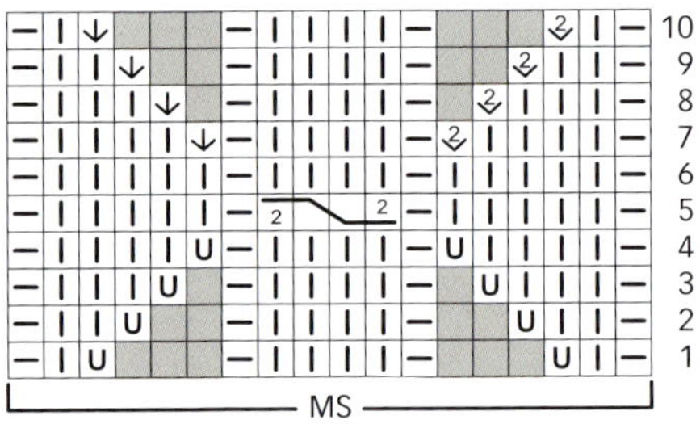

= 4 Maschen nach rechts verzopfen (= 3 Maschen auf 1 Zopfnadel hinter die Arbeit legen, die folgende Masche rechts stricken, dann die 3 Maschen der Zopfnadel rechts stricken)

= 4 Maschen nach links verzopfen (= 2 Maschen auf 1 Zopfnadel vor die Arbeit legen, die folgenden 2 Maschen rechts stricken, dann die 2 Maschen der Zopfnadel rechts stricken)

= 1 rechte und 1 linke Masche nach rechts verzopfen (= 1 Masche auf 1 Zopfnadel hinter die Arbeit legen, die folgende Masche rechts stricken, dann die Masche der Zopfnadel links stricken)

= 1 linke und 1 rechte Masche nach links verzopfen (= 1 Masche auf 1 Zopfnadel vor die Arbeit legen, die folgende Masche links stricken, dann die Masche der Zopfnadel rechts stricken)

ZOPF-AJOURMUSTER 3

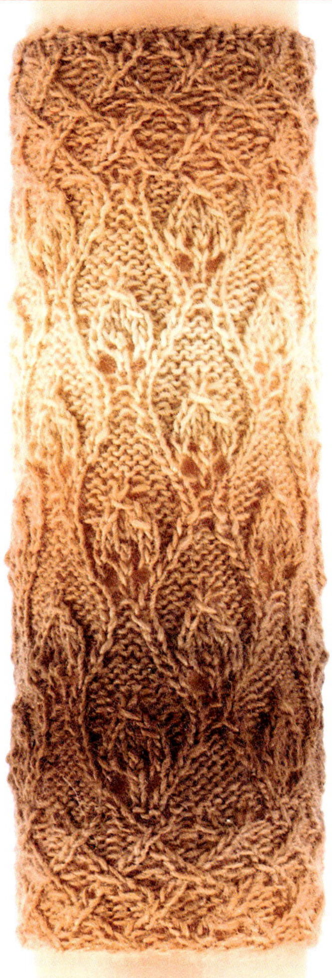

MUSTER

Bündchen: Die Maschenzahl muss durch 5 teilbar sein. Laut Strickschrift 3 arbeiten. Es sind nur die ungeraden Runden gezeichnet. In den geraden Runden alle Maschen stricken, wie sie erscheinen. Den Mustersatz (MS) und die 1.–8. Runde stets wiederholen.

Zopf-Ajourmuster 3: Die Maschenzahl muss durch 10 teilbar sein. Laut Strickschrift 4 arbeiten. Es sind nur die ungeraden Runden gezeichnet. In den geraden Runden alle Maschen stricken, wie sie erscheinen, Umschläge rechts stricken. Den Mustersatz (MS) und die 1.–22. Runde stets wiederholen.

Hinweis: Für Größe 38/39 wurden 60 Maschen angeschlagen.

STRICKSCHRIFT 4

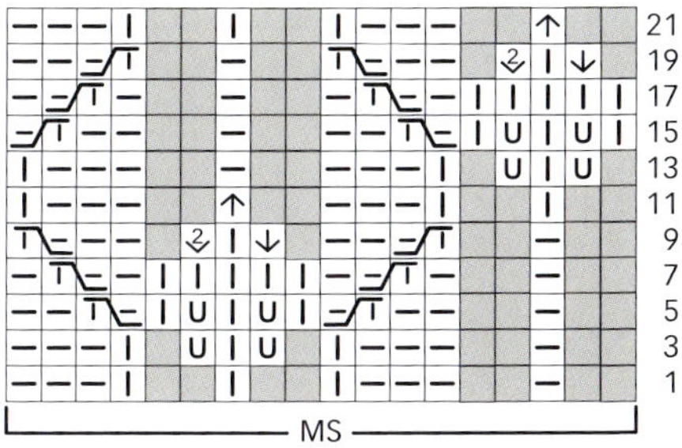

STRICKSCHRIFT 3

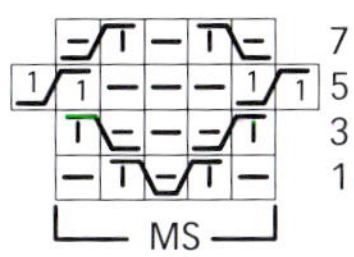

= 2 rechte Maschen nach rechts verzopfen (= 1 Masche auf 1 Zopfnadel hinter die Arbeit legen, die folgende Masche rechts stricken, dann die Masche der Zopfnadel rechts stricken)

= 1 rechte, 1 linke und 1 rechte Masche verzopfen (= 1 Masche auf 1 Zopfnadel vor die Arbeit legen, die folgende Masche auf eine 2. Zopfnadel hinter die Arbeit legen, die folgende Masche rechts stricken, dann die Masche der 2. Zopfnadel links und die Masche der 1. Zopfnadel rechts stricken)

MS = Mustersatz

APRIL

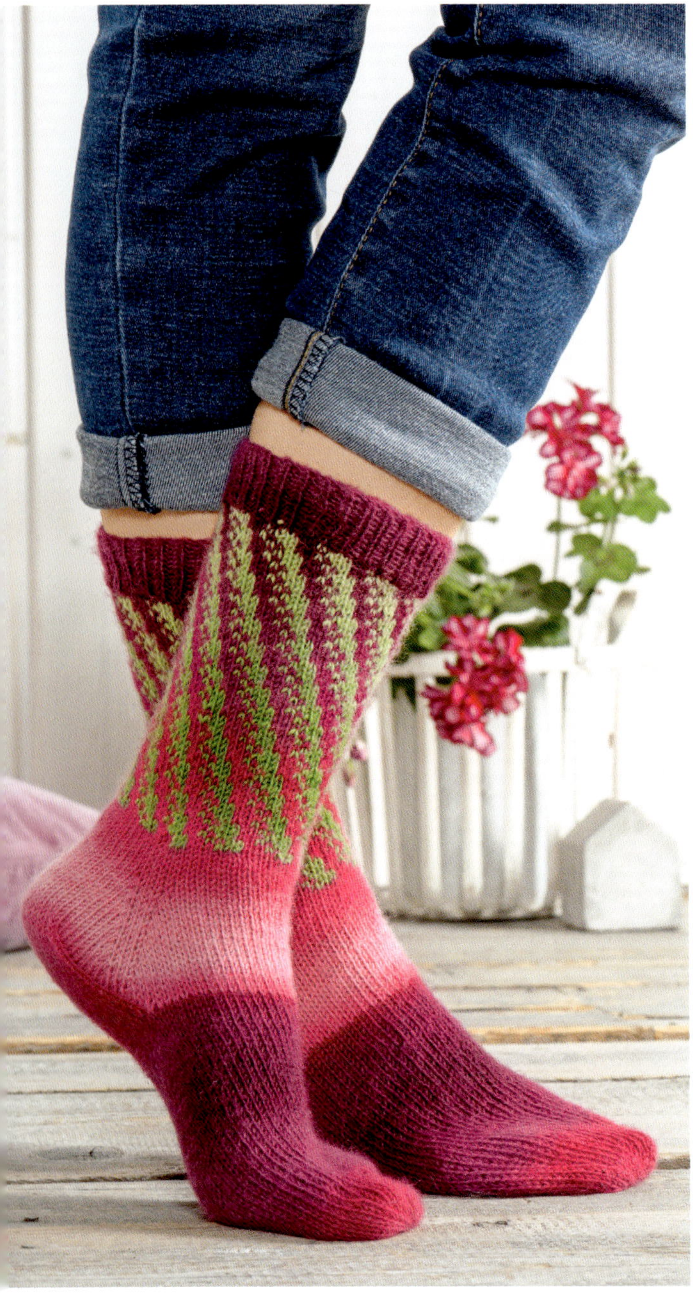

GRÖSSE 30/31 (40/41)

MATERIAL

- Woolly Hugs YEAR-SOCKS
  (75 % Schurwolle, 25 % Polyamid,
  Lauflänge ca. 400 m/100 g)
  von L&K (www.VeronikaHug.com):
  100 g Pink-Töne
  (Farbe A = April – 04)
  50 g Grün-Töne
  (Farbe B = Mai – 05)
- 1 Nadelspiel Nr. 2,5–3,5
- 1 Rundenmarkierer

MUSTER

Glatt rechts: Stets rechte Maschen stricken.
Rippenmuster: 1 Masche rechts, 1 Masche links im Wechsel stricken.
Farbmuster 1 – Jacquardmuster: Die Maschenzahl muss durch 6 teilbar sein. Laut Zählmuster arbeiten. Die gezeichneten Maschen und die 1.–18. Runde stets wiederholen.

MASCHENPROBE GLATT RECHTS:
28 Maschen x 40 Reihen = 10 x 10 cm

FARBMUSTER 1

SOCKEN AB SPITZE:

8 Maschen in Farbe A anschlagen und für die **Spitze** 4 (5) x in jeder 2. Runde und 1 x in der folgenden 4. Runde je 8 Maschen zunehmen. Für Größe 40/41 in der folgenden 4. Runde auf jeder Nadel 1 Masche zunehmen = 48 (60) Maschen. Es befinden sich auf jeder Nadel 12 (15) Maschen. Glatt rechts stricken.
Für **Rist und Ferse** nach 13,5 (19,5) cm ab Anschlag 5 (7) x in jeder 2. Runde je 4 Maschen laut Workshop zunehmen = 68 (88) Maschen. Anschließend die ersten 5 (7) Maschen der 2. Nadel auf die 1. Nadel legen und die letzten 5 (7) Maschen der 3. Nadel auf die 4. Nadel legen. Nun befinden sich je 22 (30) Maschen auf der 1. und 4. Nadel und je 12 (15) Maschen auf der 2. und 3. Nadel.
Das **Käppchen** über den mittleren 16 (20) Maschen der 1. und 4. Nadel laut Workshop arbeiten und für das Käppchen über so viele hin- und hergehende Reihen arbeiten, bis nur noch je 13 (16) Maschen auf der 1. und 4. Nadel liegen. Die letzte Käppchen-Runde über alle Maschen arbeiten, dabei in dieser Runde die letzte Käppchenmasche mit der folgenden Masche überzogen zusammenstricken und die 1. Käppchenmasche mit der Masche davor rechts zusammenstricken = 48 (60) Maschen.
Nach weiteren 3 Runden glatt rechts für den **Schaft** im Jacquardmuster 1 weiterarbeiten.

Nach 13 (17) cm ab Beginn des Rautenmusters für das **Bündchen** in Farbe A 3 cm im Rippenmuster stricken, dann alle Maschen locker abketten (siehe Workshop).

SOCKEN AB SCHAFT:

48 (60) Maschen in Farbe A anschlagen und für das **Bündchen** 3 cm im Rippenmuster stricken, dann für den **Schaft** 13 (17) cm im Rautenmuster 1 stricken. Anschließend in Farbe A 4 Runden rechte Maschen stricken. Nun für **Rist und Ferse** die Maschen zunehmen wie bei der Socke ab Spitze beschrieben, auch das Käppchen genauso arbeiten.
Über den restlichen 48 (60) Maschen für den Fuß glatt rechts weiterarbeiten. Nach 16 (22) cm Fußlänge für die **Spitze** laut Workshop die Maschen abnehmen. Dafür für Größe 40/41 auf jeder Nadel 1 Masche abnehmen und weitere 3 Runden rechte Maschen stricken. Dann für beide Größen 1 x in der folgenden Runde und noch 1 x in der folgenden 4. Runde je 8 Maschen abnehmen. Anschließend noch 3 (4) x in jeder 2. Runde je 8 Maschen abnehmen. Die letzten 8 Maschen mit dem Arbeitsfaden zusammenziehen und diesen vernähen.

ZÄHLMUSTER

x	o	x	o	o	x	18
x	x	o	o	o	x	17
x	o	x	o	o	x	16
o	x	o	o	x	x	15
x	o	o	o	x	x	14
o	x	o	o	x	x	13
x	o	o	x	x	o	12
o	o	o	x	x	x	11
x	o	o	x	x	o	10
o	o	x	x	o	x	9
o	o	x	x	x	o	8
o	o	x	x	o	x	7
o	x	x	o	x	o	6
o	x	x	x	o	o	5
o	x	x	o	x	o	4
x	x	o	x	o	o	3
x	x	x	o	o	o	2
x	x	o	x	o	o	1

MS

ZEICHENERKLÄRUNG

x = 1 Masche in Farbe A
o = 1 Masche in Farbe B
MS = Mustersatz

FARBMUSTER 2

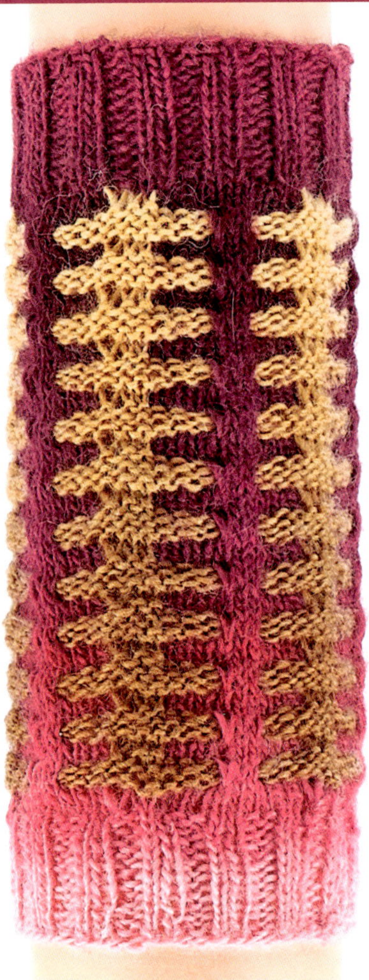

MUSTER

Bündchen: Die Maschenzahl muss durch 4 teilbar sein. 2 Maschen rechts, 2 Maschen links im Wechsel stricken.

Farbmuster 2 – Hebemaschenmuster A: Die Maschenzahl muss durch 12 teilbar sein. Laut Strickschrift 1 arbeiten. Den Mustersatz (MS) und die 1.–8. Runde stets wiederholen.

Hinweis: Für Größe 38/39 wurden 56 Maschen angeschlagen und nach bzw. vor dem Bündchen 4 Maschen zugenommen = 60 Maschen.

STRICKSCHRIFT 1

–	–	⁒	⁒	⁒	–	–	–	–	–	–	–	8	B
–	–	⁒	⁒	⁒	–	–	–	–	–	–	–	7	B
–	–	⁒	⁒	⁒	–	–	–	–	–	–	–	6	B
I	I	⁒	⁒	⁒	I	I	I	I	I	I	I	5	B
I	I	I	I	I	I	I	I	⁒	⁒	⁒	I	4	A
I	I	I	I	I	I	I	I	⁒	⁒	⁒	I	3	A
I	I	I	I	I	I	I	I	⁒	⁒	⁒	I	2	A
I	I	I	I	I	I	I	I	⁒	⁒	⁒	I	1	A

MS (Spalten 1–12)

A = Pink-Töne
B = Gelb-Töne

ZEICHENERKLÄRUNG

I = 1 Masche rechts
– = 1 Masche links
⁒ = 1 Masche abheben, dabei den Faden hinter der Arbeit mitführen
MS = Mustersatz

FARBMUSTER 3

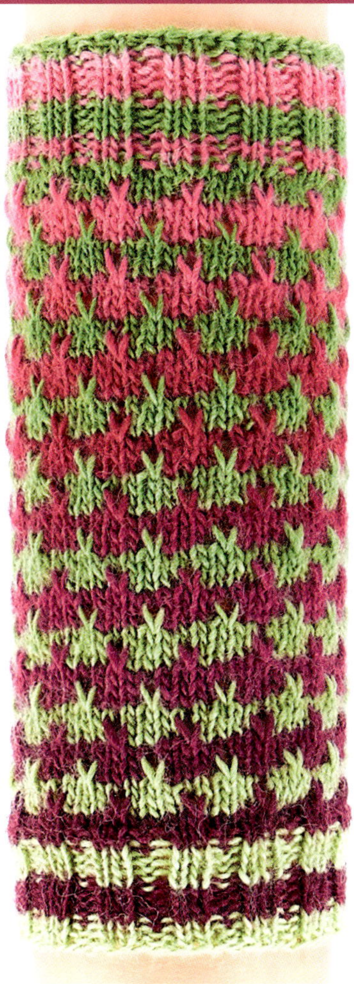

MUSTER

Bündchen: Die Maschenzahl muss durch 4 teilbar sein. 2 Maschen rechts, 2 Maschen links im Wechsel stricken. Farbwahl nach Wunsch.

Farbmuster 3 – Hebemaschenmuster B: Die Maschenzahl muss durch 4 teilbar sein. Laut Strickschrift 2 arbeiten. Den Mustersatz (MS) und die 1.–10. Runde stets wiederholen.

Hinweis: Für Größe 38/39 wurden 56 Maschen angeschlagen.

STRICKSCHRIFT 2

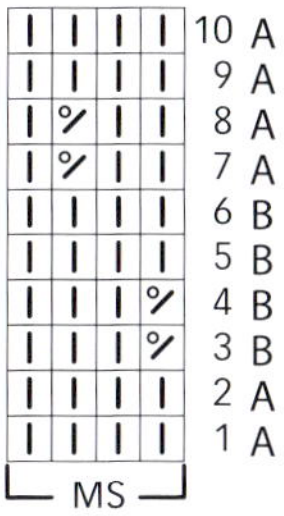

A = Pink-Töne

B = Grün-Töne

MAI

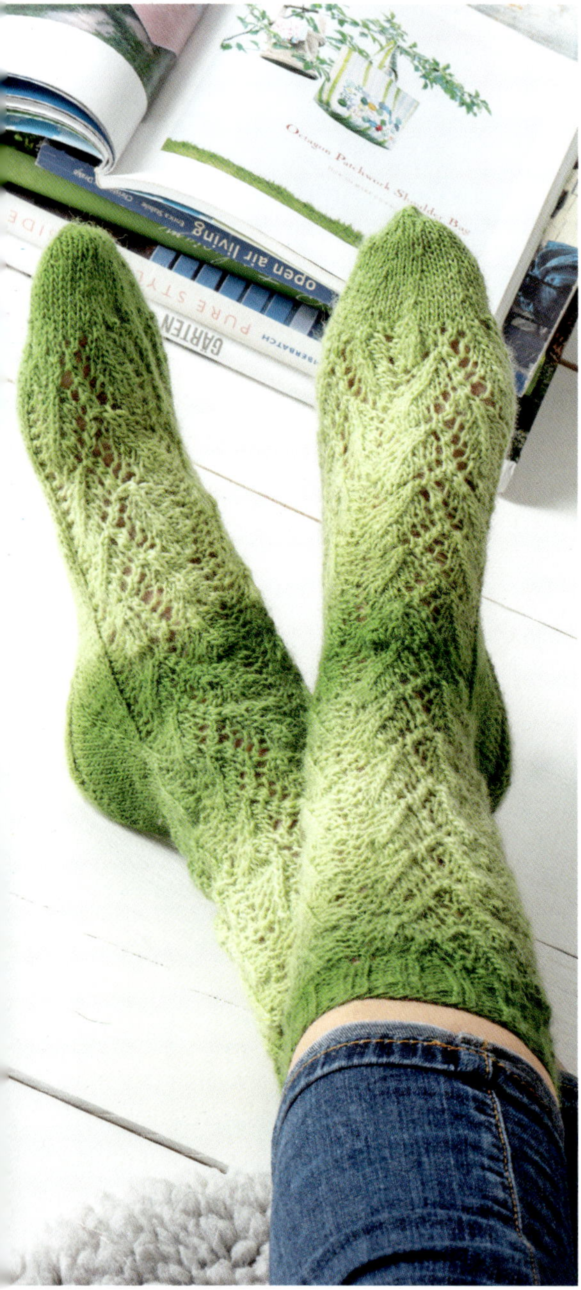

GRÖSSE 38/39 (40/41)

MATERIAL

- Woolly Hugs YEAR-SOCKS (75 % Schurwolle, 25 % Polyamid, Lauflänge ca. 400 m/100 g) von L&K (www.VeronikaHug.com): 100 g Grün-Töne (Farbe Mai – 05)
- 1 Nadelspiel Nr. 2,5–3,5
- 1 Rundenmarkierer

MUSTER

Glatt rechts: Stets rechte Maschen stricken.
Rippenmuster: 2 Maschen rechts, 2 Maschen links im Wechsel stricken.
Blattmuster 1: Die Maschenzahl muss durch 16 teilbar sein. Laut Strickschrift 1 arbeiten. Es sind nur die ungeraden Runden gezeichnet. In den geraden Runden alle Maschen stricken, wie sie erscheinen. Den Mustersatz (MS) und die 1.–24. Runde stets wiederholen.

MASCHENPROBE GLATT RECHTS:
28 Maschen x 40 Reihen = 10 x 10 cm

SOCKEN AB SPITZE:

8 Maschen anschlagen und für die **Spitze** 5 x in jeder 2. Runde und 1 x in der folgenden 4. Runde je 8 Maschen zunehmen. Für Größe 40/41 in der folgenden 4. Runde auf jeder Nadel 1 Masche zunehmen = 56 (60) Maschen. Es befinden sich auf jeder Nadel 14 (15) Maschen. Nun die letzte Masche der 1. Nadel auf die 2. Nadel legen und die erste Masche der 4. Nadel auf die 3. Nadel legen. Es befinden sich nun je 13 (14) Maschen auf der 1. und 4. Nadel und je 15 (16) Maschen auf der 2. und 3. Nadel. Anschließend

BLATTMUSTER 1

1 Runde rechte Maschen stricken, dabei für Größe 38/39 zum Musterausgleich auf der 2. Nadel 1 Masche zunehmen und auf der 3. Nadel 2 Maschen zunehmen, für Größe 40/41 nur auf der 3. Nadel 1 Masche zunehmen = 59 (61) Maschen. Nun über den insgesamt 33 Maschen der 2. und 3. Nadel im Blattmuster 1 weiterarbeiten, dabei 2 x den Mustersatz und 1 x die 1. Masche vom Mustersatz stricken. Über den 26 (28) Maschen der 1. und 4. Nadel glatt rechts stricken.
Für **Rist und Ferse** nach 18 (19,5) cm ab Anschlag 7 x in jeder 2. Runde je 4 Maschen laut Workshop zunehmen. Dabei die Zunahmen nur auf der 1. und 4. Nadel ausführen. Dafür die 2.-letzte Masche der 1. Nadel und die 2. Masche der 4. Nadel markieren und aus der Masche vor den Markierungen jeweils die Rechts-Zunahmen arbeiten und aus den Maschen nach den Markierungen jeweils die Links-Zunahme arbeiten = 87 (89) Maschen. Nun befinden sich je 27 (28) Maschen auf der 1. und 4. Nadel und insgesamt 33 Maschen auf der 2. und 3. Nadel.
Das **Käppchen** über den mittleren 20 Maschen der 1. und 4. Nadel laut Workshop arbeiten und für das Käppchen so viele hin- und hergehende Reihen arbeiten, bis nur noch je 14 (15) Maschen auf der 1. und 4. Nadel liegen. Die letzte Käppchen-Runde über alle Maschen arbeiten, dabei in dieser Runde die letzte Käppchenmasche mit der folgenden Masche überzogen zusammenstricken und die 1. Käppchenmasche mit der Masche davor rechts zusammenstricken = 59 (61) Maschen.
Noch weitere 3 Runden über den Maschen der 1. und 4. Nadel glatt rechts stricken, dann für den **Schaft** über alle Maschen im Blattmuster 1 weiterarbeiten, dabei zum Musterausgleich in der 1. Runde auf der 1. Nadel 2 (1) und auf der 2. Nadel 3 (2) Maschen zunehmen = 64 Maschen.
Nach 15 (17) cm ab Beginn des Blattmusters für das **Bündchen** im Rippenmuster stricken, dabei in der 1. Runde wieder 8 (4) Maschen abnehmen = 56 (60) Maschen. Nach 3 cm im Rippenmuster alle Maschen locker abketten (siehe Workshop).

SOCKEN AB SCHAFT:

56 (60) Maschen anschlagen und für das **Bündchen** 3 cm im Rippenmuster stricken, dabei in der letzten Runde gleichmäßig verteilt 8 (4) Maschen zunehmen = 64 Maschen. Dann für den **Schaft** 15 (17) cm im Blattmuster 1 stricken. Anschließend über den Maschen der 2. und 3. Nadel weiterhin im Blattmuster stricken, dabei zum Musterausgleich von der 4. Nadel die erste Masche noch auf die 3. Nadel legen, so dass insgesamt 33 Maschen auf der 2. und 3. Nadel liegen. Über den Maschen der 1. und 4. Nadel glatt rechts stricken, dabei in der 1. Runde auf der 1. Nadel 2 (1) und auf der 4. Nadel 3 (2) Maschen abnehmen = 59 (61) Maschen. Nach 3 Runden für **Rist und Ferse** die Maschen zunehmen wie bei der Socke ab Spitze beschrieben, auch das Käppchen genauso arbeiten.
Über den restlichen 59 (61) Maschen für den Fuß mustergemäß weiterarbeiten. Nach 21 (22) cm Fußlänge 1 Runde rechte Maschen stricken, dabei auf der 2. und 3. Nadel gleichmäßig verteilt 3 (1) Masche abnehmen. Über den restlichen 56 (60) Maschen für die **Spitze** laut Workshop die Maschen abnehmen. Dafür für Größe 40/41 auf jeder Nadel 1 Masche abnehmen und weitere 3 Runden rechte Maschen stricken. Dann für beide Größen 1 x in der folgenden Runde und noch 1 x in der folgenden 4. Runde je 8 Maschen abnehmen. Anschließend noch 4 x in jeder 2. Runde je 8 Maschen abnehmen. Die letzten 8 Maschen mit dem Arbeitsfaden zusammenziehen und diesen vernähen.

BLATTMUSTER 2

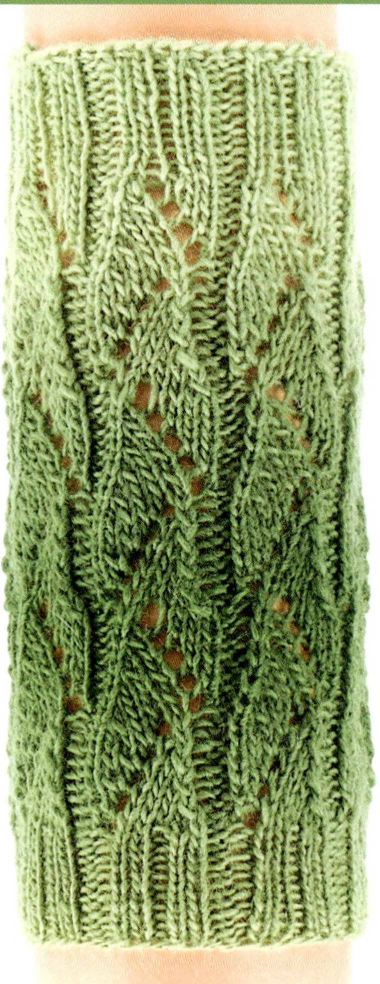

MUSTER

Bündchen: Die Maschenzahl muss durch 7 teilbar sein. * 2 Maschen links, 2 Maschen rechts, 1 Masche links, 2 Maschen rechts, ab * stets wiederholen.

Blattmuster 2: Die Maschenzahl muss zunächst durch 7 teilbar sein. Laut Strickschrift 2 arbeiten. Es sind nur die ungeraden Runden gezeichnet. In den geraden Runden alle Maschen stricken, wie sie erscheinen, Umschläge rechts stricken. Den Mustersatz (MS) stets wiederholen. Die 1.–38. Runde 1 x arbeiten, dabei wird in der 1. Runde je Mustersatz 1 Masche zugenommen. Dann die 19.–38. Runde stets wiederholen. Enden mit der 39. und 40. Runde, dabei wird je Mustersatz 1 Masche abgenommen. Die Pfeile neben der Strickschrift zeigen an, wenn sich der Rundenbeginn um 1 Masche verschiebt. Beim Pfeil nach rechts 1 Masche von der folgenden Nadel auf die vorige Nadel heben, beim Pfeil nach links genau umgekehrt.

Hinweis: Für Größe 38/39 wurden 56 Maschen angeschlagen.

STRICKSCHRIFT 1

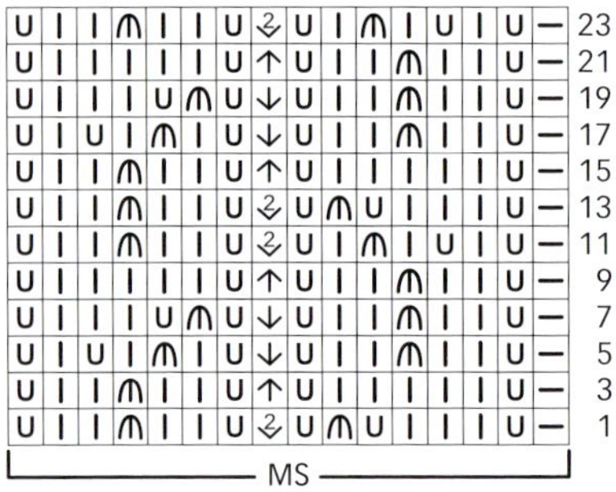

STRICKSCHRIFT 2

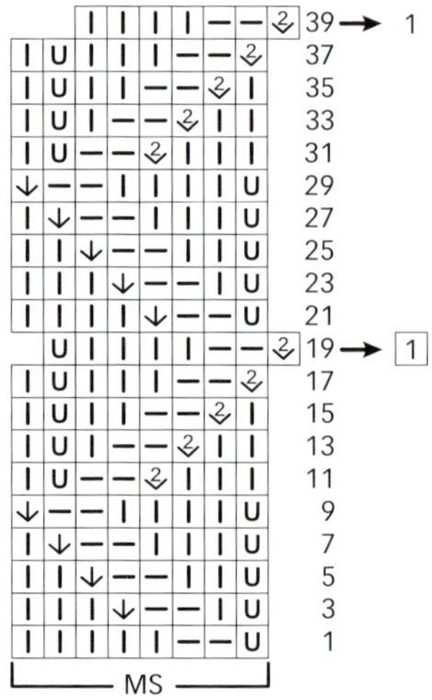

BLATTMUSTER 3

MUSTER

Bündchen: Die Maschenzahl muss durch 14 teilbar sein. * 1 Masche rechts, 2 Maschen links, 2 Maschen rechts, 2 Masche links, 2 Maschen rechts, 2 Maschen links, 1 Masche rechts, 2 Maschen links, ab * stets wiederholen.

Blattmuster 3: Die Maschenzahl muss zunächst durch 14 teilbar sein. Laut Strickschrift 3 arbeiten. Es sind nur die ungeraden Runden gezeichnet. In den geraden Runden alle Maschen stricken, wie sie erscheinen, Umschläge rechts stricken. Den Mustersatz (MS) und die 1.–24. Runde stets wiederholen.

Hinweis: Für Größe 38/39 wurden 56 Maschen angeschlagen.

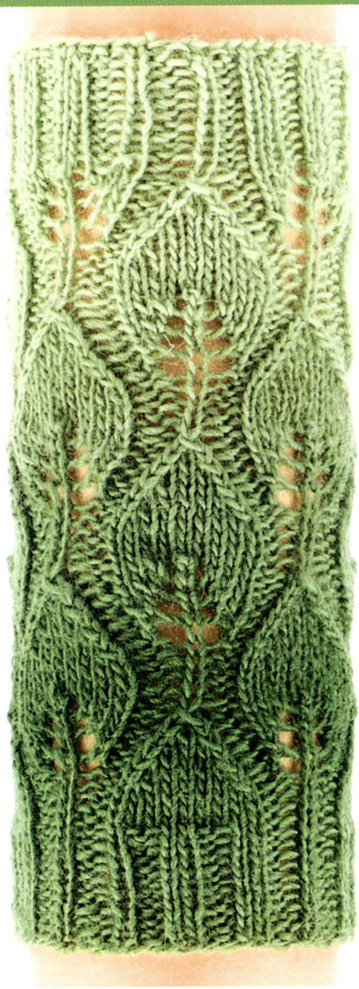

STRICKSCHRIFT 3

–	–	I	I	I	U	I	U	I	I	I	–	–					↑					23
–	–		I	I	U	I	U	I	I		–	–				2	I	↓				21
–	–			I	U	I	U	I			–	–			2	I	I	I	↓			19
–	–				U	I	U				–	–		2	I	I	I	I	I	↓		17
–	–					I					–	–	I	I	I	I	I	I	I	I	I	15
–	–					I					–	–	I	I	I	I	I	I	I	I	I	13
–	–					↑					–	–	I	I	I	U	I	U	I	I	I	11
–	–				2	I	↓				–	–		I	I	U	I	U	I	I		9
–	–			2	I	I	I	↓			–	–			I	U	I	U	I			7
–	–		2	I	I	I	I	I	↓		–	–				U	I	U				5
–	–	I	I	I	I	I	I	I	I	I	–	–					I					3
–	–	I	I	I	I	I	I	I	I	I	–	–					I					1

MS

ZEICHENERKLÄRUNG

I = 1 Masche rechts

– = 1 Masche links

U = 1 Umschlag

2 = 2 Maschen rechts zusammenstricken

↓ = 1 einfacher Überzug

↑ = 1 doppelter Überzug

⋒ = 1 doppelter Überzug mit Mittelmasche (= 2 Maschen abheben, die folgende Masche rechts stricken, dann die 2 abgehobenen Maschen darüberziehen)

▒ = keine Bedeutung, das Kästchen dient nur der besseren Übersicht

MS = Mustersatz

JUNI

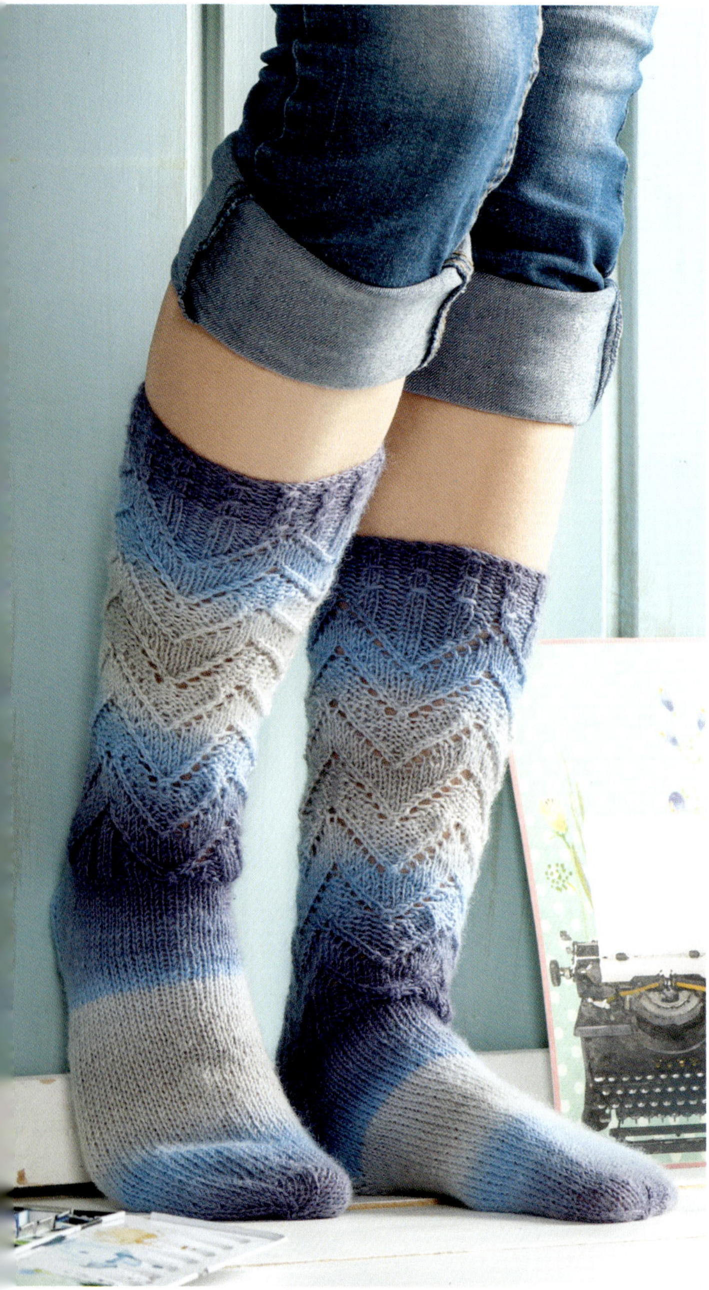

GRÖSSE 36/37 (38/39)

MATERIAL

- Woolly Hugs YEAR-SOCKS (75 % Schurwolle, 25 % Polyamid, Lauflänge ca. 400 m/100 g) von L&K (www.VeronikaHug.com): 100 g Blau-Töne (Farbe Juni – 06)
- 1 Nadelspiel Nr. 2,5–3,5
- 1 Rundenmarkierer

MUSTER

Glatt rechts: Stets rechte Maschen stricken.

Rippenmuster: Die Maschenzahl muss durch 4 teilbar sein. Laut Strickschrift 1 arbeiten. Es sind nur die ungeraden Runden gezeichnet. In den geraden Runden alle Maschen stricken, wie sie erscheinen. Die 1.–4. Runde insgesamt 3 x arbeiten = 12 Runden.

Ajourmuster 1: Die Maschenzahl muss durch 28 teilbar sein. Laut Strickschrift 2 arbeiten. Den Mustersatz (MS) und die 13.–58. Runde stets wiederholen.

MASCHENPROBE GLATT RECHTS:
28 Maschen x 40 Reihen = 10 x 10 cm

STRICKSCHRIFT 1

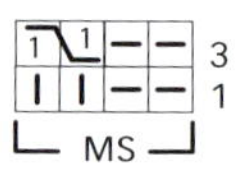

AJOURMUSTER 1

SOCKEN AB SPITZE:

8 Maschen anschlagen und für die **Spitze** 5 x in jeder 2. Runde und 1 x in der folgenden 4. Runde je 8 Maschen zunehmen = 56 Maschen. Es befinden sich auf jeder Nadel 14 Maschen. Glatt rechts stricken.

Für **Rist und Ferse** nach 17 (18) cm ab Anschlag 6 (7) x in jeder 2. Runde je 4 Maschen laut Workshop zunehmen = 80 (84) Maschen. Anschließend die ersten 6 (7) Maschen der 2. Nadel auf die 1. Nadel legen und die letzten 6 (7) Maschen der 3. Nadel auf die 4. Nadel legen. Nun befinden sich je 26 (28) Maschen auf der 1. und 4. Nadel und je 14 Maschen auf der 2. und 3. Nadel.

Das **Käppchen** über den mittleren 18 (20) Maschen der 1. und 4. Nadel laut Workshop arbeiten und für das Käppchen so viele hin- und hergehende Reihen arbeiten, bis nur noch je 15 Maschen auf der 1. und 4. Nadel liegen. Die letzte Käppchen-Runde über alle Maschen arbeiten, dabei in dieser Runde die letzte Käppchenmasche mit der folgenden Masche überzogen zusammenstricken und die 1. Käppchenmasche mit der Masche davor rechts zusammenstricken = 56 Maschen.

Nach weiteren 3 Runden glatt rechts für den **Schaft** im Ajourmuster 1 weiterarbeiten.

Nach 15 (17) cm ab Beginn des Ajourmusters für das **Bündchen** 12 Runden im Rippenmuster stricken, dann alle Maschen locker abketten (siehe Workshop).

SOCKEN AB SCHAFT:

56 Maschen anschlagen und für das **Bündchen** 12 Runden im Rippenmuster stricken, dann für den **Schaft** 15 (17) cm im Ajourmuster 1 stricken. Anschließend 4 Runden rechte Maschen stricken. Nun für **Rist und Ferse** die Maschen zunehmen wie bei der Socke ab **Spitze** beschrieben, auch das Käppchen genauso arbeiten. Über den restlichen 56 Maschen für den Fuß glatt rechts weiterarbeiten. Nach 19,5 (21) cm Fußlänge für die Spitze laut Workshop die Maschen abnehmen. Dafür 1 x in der folgenden Runde und noch 1 x in der folgenden 4. Runde je 8 Maschen abnehmen. Anschließend noch 4 x in jeder 2. Runde je 8 Maschen abnehmen. Die letzten 8 Maschen mit dem Arbeitsfaden zusammenziehen und diesen vernähen.

STRICKSCHRIFT 2

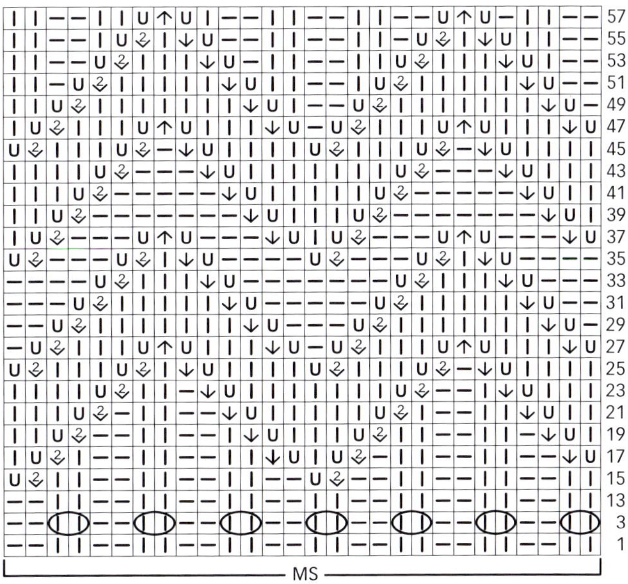

AJOURMUSTER 2

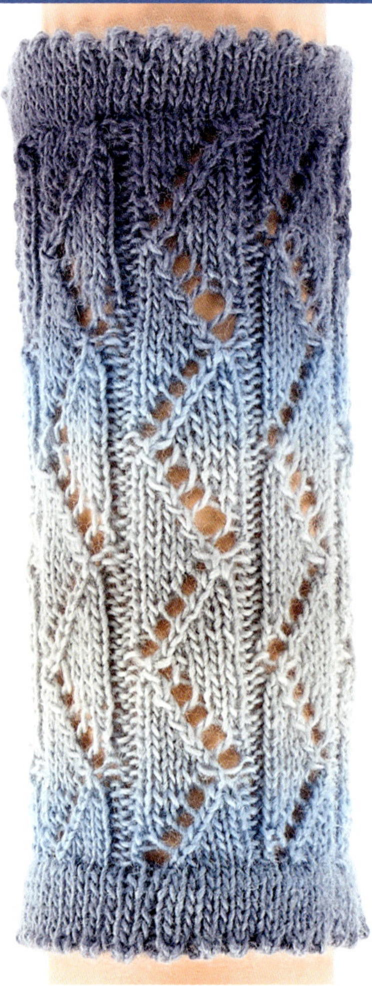

MUSTER

Bündchen: Für den Mäusezähnchenrand zunächst 2 cm glatt rechts stricken, dann für die Bruchkante in der folgenden Runde fortlaufend 2 Maschen rechts zusammenstricken und dafür 1 Umschlag auf die Nadel nehmen. Dann nochmals 2 cm glatt rechts stricken. In der folgenden Runde die Blende nach innen umschlagen und stets beim Abstricken zunächst in die Masche auf der Nadel und in die entsprechende Anschlagmasche einstechen, dann die beiden Maschen zusammen rechts abstricken.

Ajourmuster 2: Die Maschenzahl muss zunächst durch 8 teilbar sein. Laut Strickschrift 3 arbeiten. Es sind nur die ungeraden Runden gezeichnet. In den geraden Runden alle Maschen stricken, wie sie erscheinen, Umschläge rechts stricken. Den Mustersatz (MS) und die 1.–20. Runde stets wiederholen.

Hinweis: Für Größe 38/39 wurden 56 Maschen angeschlagen.

STRICKSCHRIFT 3

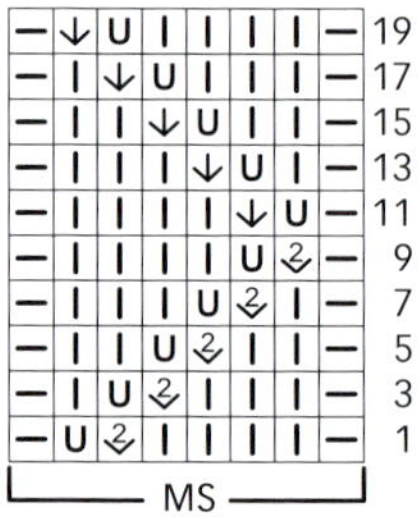

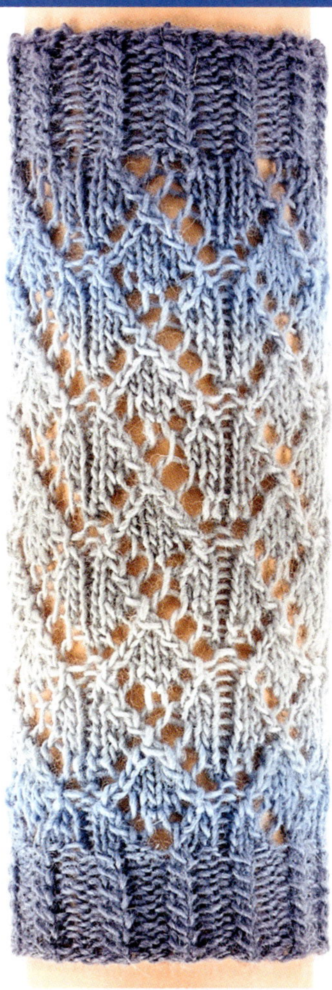

MUSTER

Bündchen: Die Maschenzahl muss durch 4 teilbar sein. Laut Strickschrift 1 arbeiten. Es sind nur die ungeraden Runden gezeichnet. In den geraden Runden alle Maschen stricken, wie sie erscheinen. Die 1.–4. Runde 1 x arbeiten, dann die 3. und 4. Runde stets wiederholen.

Ajourmuster 3: Die Maschenzahl muss 8 teilbar sein. Laut Strickschrift 4 arbeiten. Es sind nur die ungeraden Runden gezeichnet. In den geraden Runden alle Maschen stricken, wie sie erscheinen, Umschläge rechts stricken. Den Mustersatz (MS) und die 1.–12. Runde stets wiederholen.

Hinweis: Für Größe 38/39 wurden 56 Maschen angeschlagen.

STRICKSCHRIFT 4

I	I	U	↑	U	I	I	–	11
I	U	⇓	I	↓	U	I	–	9
U	⇓	I	I	I	↓	U	–	7
↓	U	I	I	I	U	⇓	–	5
I	↓	U	I	U	⇓	I	–	3
I	I	↓	U	I	I	I	–	1

MS

ZEICHENERKLÄRUNG

- I = 1 Masche rechts
- – = 1 Masche links
- U = 1 Umschlag
- ⇓ = 2 Maschen rechts zusammenstricken
- ↓ = 1 einfacher Überzug
- ↑ = 1 doppelter Überzug
- (I I) = 1 Umschlag, die folgenden 2 Maschen rechts stricken, dann den Umschlag über die 2 Maschen ziehen
- 1\1 = 2 rechte Maschen nach links verzopfen (= 1 Masche auf 1 Zopfnadel vor die Arbeit legen, die folgende Masche rechts stricken, dann die Masche der Zopfnadel rechts stricken)
- MS = 1 Mustersatz

JULI

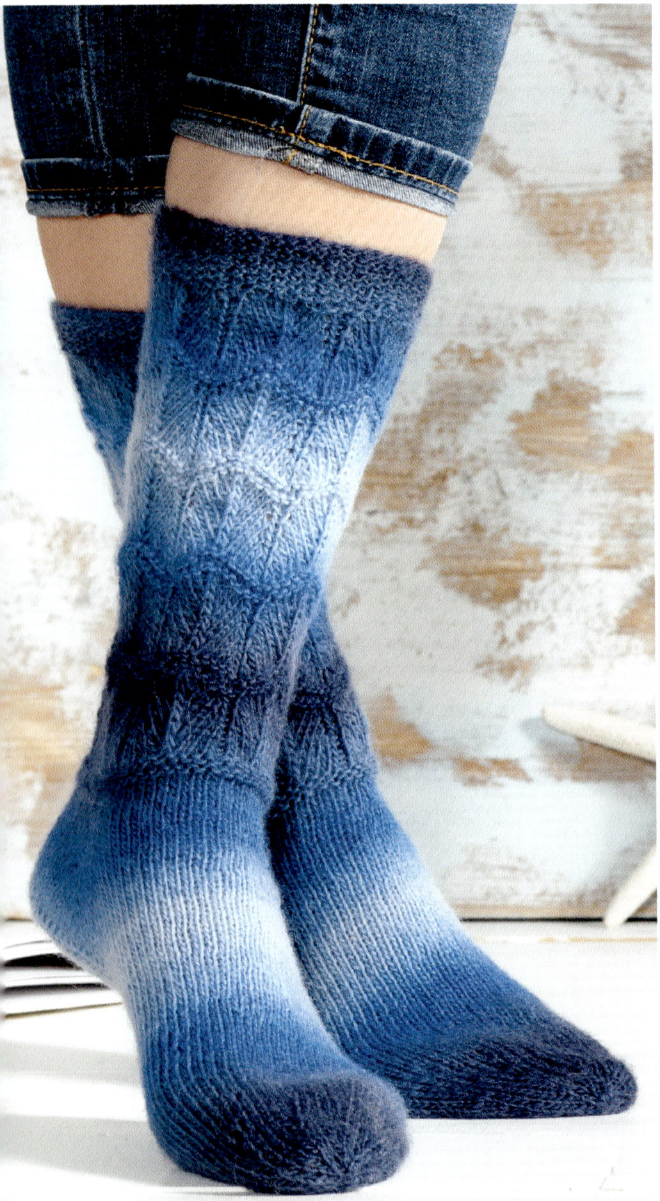

GRÖSSE 28/29 (38/39)

MATERIAL

- Woolly Hugs YEAR-SOCKS (75 % Schurwolle, 25 % Polyamid, Lauflänge ca. 400 m/100 g) von L&K (www.VeronikaHug.com): 100 g Royal-Töne (Farbe Juli – 07)
- 1 Nadelspiel Nr. 2,5–3,5
- 1 Rundenmarkierer

MUSTER

Glatt rechts: Stets rechte Maschen stricken.

Kleines Perlmuster: 1 Masche rechts, 1 Masche links im Wechsel, jedoch nach jeder Runde versetzt stricken.

Wellenmuster 1: Die Maschenzahl muss durch 10 teilbar sein. Laut Strickschrift 1 arbeiten. Es sind nur die ungeraden Runden gezeichnet. In den geraden Runden die Maschen stricken, wie sie erscheinen bzw. wie in der Zeichenerklärung angegeben, Umschläge rechts verschränkt stricken. Den Mustersatz (MS) und die 1.–14. Runde stets wiederholen.

MASCHENPROBE GLATT RECHTS

28 Maschen x 40 Reihen = 10 x 10 cm

WELLENMUSTER 1

SOCKEN AB SPITZE:

8 Maschen anschlagen und für die **Spitze** 4 (5) x in jeder 2. Runde und 1 x in der folgenden 4. Runde je 8 Maschen zunehmen = 48 (56) Maschen. Es befinden sich auf jeder Nadel 12 (14) Maschen. Glatt rechts stricken.

Für **Rist und Ferse** nach 13 (18) cm ab Anschlag 4 (7) x in jeder 2. Runde je 4 Maschen laut Workshop zunehmen = 64 (84) Maschen. Anschließend die ersten 4 (7) Maschen der 2. Nadel auf die 1. Nadel legen und die letzten 4 (7) Maschen der 3. Nadel auf die 4. Nadel legen. Nun befinden sich je 20 (28) Maschen auf der 1. und 4. Nadel und je 12 (14) Maschen auf der 2. und 3. Nadel. Das **Käppchen** über den mittleren 14 (20) Maschen der 1. und 4. Nadel laut Workshop arbeiten und für das Käppchen so viele hin- und hergehende Reihen arbeiten, bis nur noch je 13 (15) Maschen auf der 1. und 4. Nadel liegen. Die letzte Käppchen-Runde über alle Maschen arbeiten, dabei in dieser Runde die letzte Käppchenmasche mit der folgenden Masche überzogen zusammenstricken und die 1. Käppchenmasche mit der Masche davor rechts zusammenstricken = 48 (56) Maschen.

Nach weiteren 3 Runden glatt rechts für den **Schaft** im Wellenmuster 1 weiterarbeiten, dabei zum Musterausgleich in der 1. Runde gleichmäßig verteilt 2 (4) Maschen zunehmen = 50 (60) Maschen.

Nach 15 (17) cm ab Beginn des Wellenmusters für das **Bündchen** im Kleinen Perlmuster stricken, dabei in der 1. Runde wieder 2 (4) Maschen abnehmen = 48 (56) Maschen. Nach 3 cm im Kleinen Perlmuster alle Maschen locker abketten (siehe Workshop).

SOCKEN AB SCHAFT:

48 (56) Maschen anschlagen und für das **Bündchen** 3 cm im Kleinen Perlmuster stricken, dabei in der letzten Runde gleichmäßig verteilt 2 (4) Maschen zunehmen = 50 (60) Maschen. Dann für den **Schaft** 15 (17) cm im Wellenmuster 1 stricken. Anschließend 4 Runden rechte Maschen stricken, dabei in der 1. Runde wieder 2 (4) Maschen abnehmen = 48 (56) Maschen. Nun für **Rist und Ferse** die Maschen zunehmen wie bei der Socke ab Spitze beschrieben, auch das Käppchen genauso arbeiten.

Über den restlichen 48 (56) Maschen für den Fuß glatt rechts weiterarbeiten. Nach 15 (21) cm Fußlänge für die **Spitze** laut Workshop die Maschen abnehmen. Dafür 1 x in der folgenden Runde und noch 1 x in der folgenden 4. Runde je 8 Maschen abnehmen. Anschließend noch 3 (4) x in jeder 2. Runde je 8 Maschen abnehmen. Die letzten 8 Maschen mit dem Arbeitsfaden zusammenziehen und diesen vernähen.

STRICKSCHRIFT 1

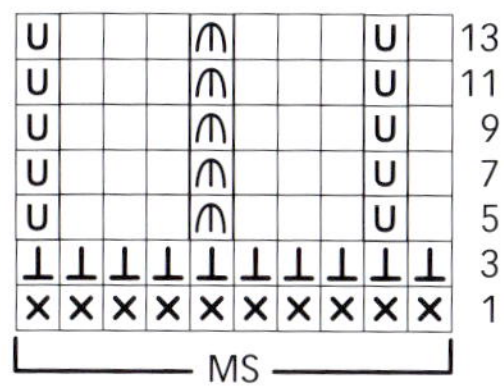

WELLENMUSTER 2

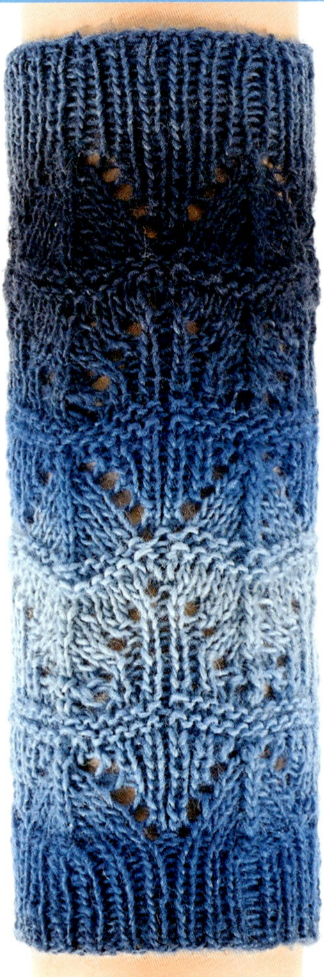

MUSTER

Bündchen: 1 Masche rechts, 1 Masche links im Wechsel stricken.

Wellenmuster 2: Die Maschenzahl muss durch 12 teilbar sein. Laut Strickschrift 2 arbeiten. Es sind nur die ungeraden Runden gezeichnet. In den geraden Runden alle Maschen stricken, wie sie erscheinen bzw. wie in der Zeichenerklärung angegeben, Umschläge rechts stricken. Den Mustersatz (MS) und die 1.–30. Runde stets wiederholen, enden mit der 31.–42. Runde.

Hinweis: Für Größe 38/39 wurden 56 Maschen angeschlagen und nach bzw. vor dem Bündchen 4 Maschen zugenommen = 60 Maschen.

STRICKSCHRIFT 2

												Runde
I	–	I	–	U	⋒	U	–	I	–	I	–	41
I	–	I	U	I	⋒	I	U	I	–	I	–	39
I	–	U	I	I	⋒	I	I	U	–	I	–	37
I	U	I	I	I	⋒	I	I	I	U	I	–	35
U	I	I	I	I	⋒	I	I	I	I	U	–	33
I	I	I	I	I	I	I	I	I	I	I	–	31
×	×	×	×	×	×	×	×	×	×	×	–	29
×	×	×	×	×	×	×	×	×	×	×	–	27
U	I	I	I	I	⋒	I	I	I	I	U	–	25
I	U	I	I	I	⋒	I	I	I	U	I	–	23
I	–	U	I	I	⋒	I	I	U	–	I	–	21
I	–	I	U	I	⋒	I	U	I	–	I	–	19
I	–	I	–	U	⋒	U	–	I	–	I	–	17
I	I	I	I	I	I	I	I	I	I	I	–	15
×	×	×	×	×	×	×	×	×	×	×	–	13
×	×	×	×	×	×	×	×	×	×	×	–	11
I	–	I	–	U	⋒	U	–	I	–	I	–	9
I	–	I	U	I	⋒	I	U	I	–	I	–	7
I	–	U	I	I	⋒	I	I	U	–	I	–	5
I	U	I	I	I	⋒	I	I	I	U	I	–	3
U	I	I	I	I	⋒	I	I	I	I	U	–	1

MS

ZEICHENERKLÄRUNG

I = 1 Masche rechts

– = 1 Masche links

⋒ = 2 Maschen links zusammenstricken

□ = glatt rechts

× = kraus rechts (in ungeraden Runden rechte, in geraden Runden linke Maschen stricken)

WELLENMUSTER 3

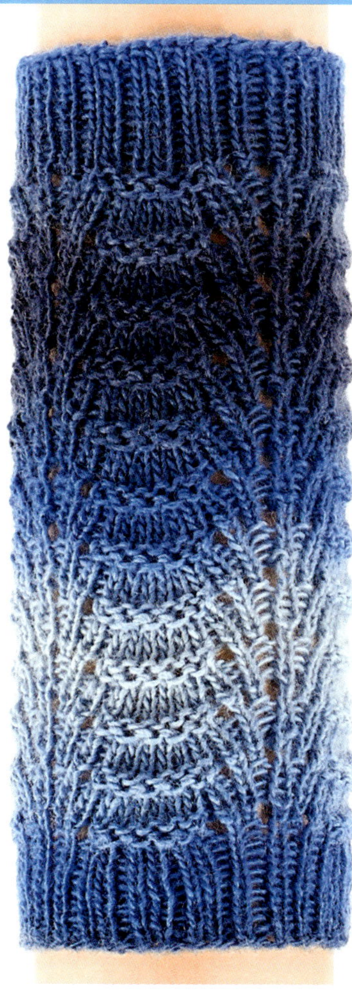

MUSTER

Bündchen: Die Maschenzahl muss durch 15 teilbar sein: * 1 Masche links, 1 Masche rechts, 1 Masche links, 2 Maschen rechts, 1 Masche links, 2 Maschen rechts, 1 Masche links, 2 Maschen rechts, 1 Masche links, 1 Masche rechts, 1 Masche links, 1 Masche rechts, ab * stets wiederholen.

Wellenmuster 3: Die Maschenzahl muss zunächst durch 15 teilbar sein. Laut Strickschrift 3 arbeiten. Es sind nur die ungeraden Runden gezeichnet. In den geraden Runden alle Maschen stricken, wie sie erscheinen, Umschläge rechts stricken. Den Mustersatz (MS) stets wiederholen. Die 1.–18. Runde 1 x arbeiten, dabei werden in der 1. Runde je Mustersatz 2 Maschen zugenommen. Danach die 7.–18. Runde stets wiederholen, enden mit der 19. und 20. Runde, dabei werden in der 19. Runde wieder je Mustersatz 2 Maschen abgenommen.

Hinweis: Für Größe 38/39 wurden 60 Maschen angeschlagen.

STRICKSCHRIFT 3

	I	U	I	U	I	^2	^2	^2	^2	^2	^2	I	U	I	U		19
I	–	I	–	I	–	I	I	I	I	I	I	–	I	–	I	–	17
I	–	I	–	I	–	I	I	I	I	I	I	–	I	–	I	–	15
I	U	I	U	I	U	^2	^2	^2	^2	^2	^2	U	I	U	I	U	13
I	–	I	–	I	–	I	I	I	I	I	I	–	I	–	I	–	11
I	–	I	–	I	–	I	I	I	I	I	I	–	I	–	I	–	9
I	U	I	U	I	U	^2	^2	^2	^2	^2	^2	U	I	U	I	U	7
I	–	I	–	I	–	I	I	I	I	I	I	–	I	–	I	–	5
I	–	I	–	I	–	I	I	I	I	I	I	–	I	–	I	–	3
I	U	I	U	I	U	–	^2	^2	^2	^2	–	U	I	U	I	U	1

MS

– = kraus links (in ungeraden Runden linke, in geraden Runden rechte Maschen stricken)

U = 1 Umschlag

MS = 1 Mustersatz

^ = 1 doppelter Überzug mit Mittelmasche (= 2 Maschen zusammen abheben, die folgende Masche rechts stricken, dann die abgehobenen Maschen darüberziehen)

AUGUST

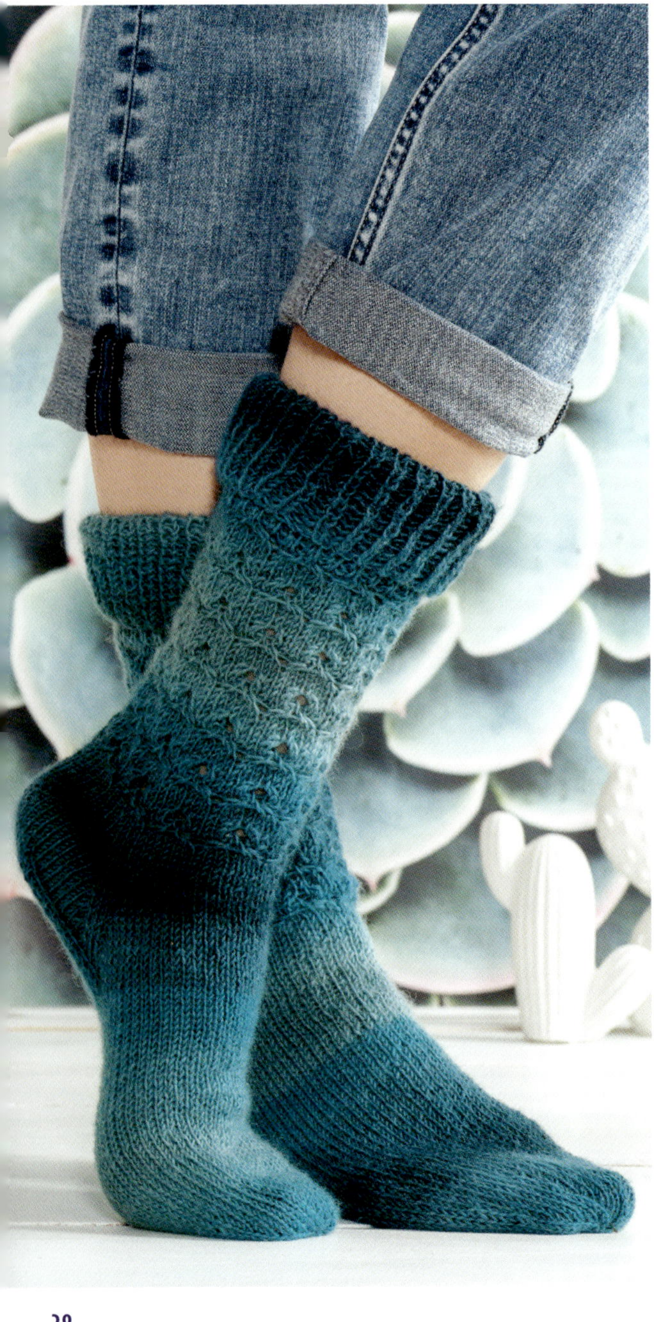

GRÖSSE 40/41 (44/45)

MATERIAL

- Woolly Hugs YEAR-SOCKS (75 % Schurwolle, 25 % Polyamid, Lauflänge ca. 400 m/100 g) von L&K (www.VeronikaHug.com): 100 (150) g Petrol-Töne (Farbe August – 08)
- 1 Nadelspiel Nr. 2,5–3,5
- 1 Zopf- oder Hilfsnadel
- 1 Rundenmarkierer

MUSTER

Glatt rechts: Stets rechte Maschen stricken.

Rippenmuster A: 1. Runde: * 1 Masche mit 1 Umschlag abheben, 1 Masche links, ab * stets wiederholen; **2. Runde:** * 1 Masche mit dem Umschlag zusammen rechts abstricken, 1 Masche links, ab * stets wiederholen. Die 1. und 2. Runde stets wiederholen.

Rippenmuster B: 1 Masche rechts, 1 Masche links im Wechsel stricken.

Spannmaschen-Muster 1: Die Maschenzahl muss durch 6 teilbar sein. Laut Strickschrift 1 arbeiten. Es sind nur die ungeraden Runden gezeichnet. In den geraden Runden alle Maschen rechts stricken, liegen 2 Umschläge nebeneinander, den 1. Umschlag rechts und den 2. Umschlag rechts verschränkt abstricken. Den Mustersatz (MS) und die 1.–8. Runde stets wiederholen.

MASCHENPROBE GLATT RECHTS:
28 Maschen x 40 Reihen = 10 x 10 cm

SPANNMASCHEN 1

SOCKEN AB SPITZE:

8 Maschen anschlagen und für die **Spitze** 5 (6) x in jeder 2. Runde und 1 x in der folgenden 4. Runde je 8 Maschen zunehmen. Für Größe 40/41 in der folgenden 4. Runde auf jeder Nadel 1 Masche zunehmen = 60 (64) Maschen. Es befinden sich auf jeder Nadel 15 (16) Maschen. Glatt rechts stricken.

Für **Rist und Ferse** nach 19,5 (21,5) cm ab Anschlag 7 (8) x in jeder 2. Runde je 4 Maschen laut Workshop zunehmen = 88 (96) Maschen. Anschließend die ersten 7 (8) Maschen der 2. Nadel auf die 1. Nadel legen und die letzten 7 (8) Maschen der 3. Nadel auf die 4. Nadel legen. Nun befinden sich je 29 (32) Maschen auf der 1. und 4. Nadel und je 15 (16) Maschen auf der 2. und 3. Nadel.

Das **Käppchen** über den mittleren 20 (22) Maschen der 1. und 4. Nadel laut Workshop arbeiten und für das Käppchen so viele hin- und hergehende Reihen arbeiten, bis nur noch je 16 (17) Maschen auf der 1. und 4. Nadel liegen. Die letzte Käppchen-Runde über alle Maschen arbeiten, dabei in dieser Runde die letzte Käppchenmasche mit der folgenden Masche überzogen zusammenstricken und die 1. Käppchenmasche mit der Masche davor rechts zusammenstricken = 60 (64) Maschen.

Nach weiteren 3 Runden glatt rechts für den **Schaft** im Spannmaschen-Muster 1 weiterarbeiten, dabei zum Musterausgleich für Größe 44/45 in der 1. Runde gleichmäßig verteilt 2 Maschen zunehmen = 60 (66) Maschen.

Nach 14 (16) cm ab Beginn des Spannmaschen-Musters für das **Bündchen** im Rippenmuster B stricken, dabei für Größe 44/45 in der 1. Runde wieder 2 Maschen abnehmen = 60 (64) Maschen. Nach 24 Runden im Rippenmuster A weiterarbeiten. Nach weiteren 24 Runden alle Maschen locker abketten (siehe Workshop).

SOCKEN AB SCHAFT:

60 (64) Maschen anschlagen und für das **Bündchen** 24 Runden im Rippenmuster A und 24 Runden im Rippenmuster B stricken, dabei für Größe 44/45 in der letzten Runde gleichmäßig verteilt 2 Maschen zunehmen = 60 (66) Maschen. Dann für den **Schaft** 14 (16) cm im Spannmaschen-Muster 1 stricken. Anschließend 4 Runden rechte Maschen stricken, dabei für Größe 44/45 in der 1. Runde wieder 2 Maschen abnehmen = 60 (64) Maschen. Nun für **Rist und Ferse** die Maschen zunehmen wie bei der Socke ab Spitze beschrieben, auch das Käppchen genauso arbeiten. Über den restlichen 60 (64) Maschen für den Fuß glatt rechts weiterarbeiten. Nach 22 (24) cm Fußlänge für die **Spitze** laut Workshop die Maschen abnehmen. Dafür für Größe 40/41 auf jeder Nadel 1 Masche abnehmen und weitere 3 Runden rechte Maschen stricken. Dann für beide Größen 1 x in der folgenden Runde und noch 1 x in der folgenden 4. Runde je 8 Maschen abnehmen. Anschließend noch 4 (5) x in jeder 2. Runde je 8 Maschen abnehmen. Die letzten 8 Maschen mit dem Arbeitsfaden zusammenziehen und diesen vernähen.

Fertigstellung: An der Blende das Rippenmuster A nach außen umschlagen.

STRICKSCHRIFT 1

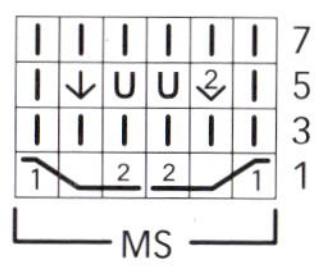

SPANNMASCHEN 2

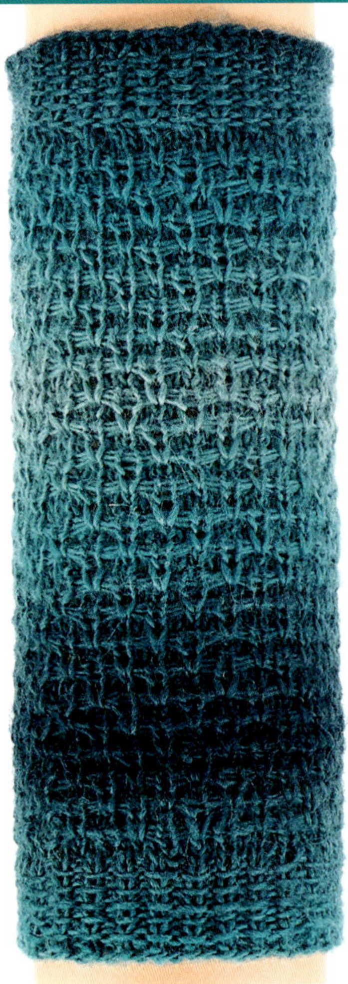

MUSTER

Bündchen: 1. Runde: 1 Masche rechts, 1 Masche links im Wechsel; **2. Runde:** 1 Masche abheben, dabei den Faden vor der Arbeit mitführen, 1 Masche links im Wechsel. Die 1. und 2. Runde stets wiederholen.

Spannmaschen-Muster 2 – Fangmuster A: Die Maschenzahl muss durch 4 teilbar sein. Laut Strickschrift 2 arbeiten. Den Mustersatz (MS) stets wiederholen. Die 1.–17. Runde 1 x arbeiten. Dann die 8.–17. Runde stets wiederholen. Die Pfeile neben der Strickschrift zeigen an, wenn sich der Rundenbeginn um 1 Masche verschiebt. Beim Pfeil nach rechts 1 Masche von der folgenden Nadel auf die vorige Nadel heben, beim Pfeil nach links genau umgekehrt.

Hinweis: Für Größe 38/39 wurden 60 Maschen angeschlagen und nach bzw. vor dem Bündchen 4 Maschen zugenommen = 64 Maschen.

STRICKSCHRIFT 2

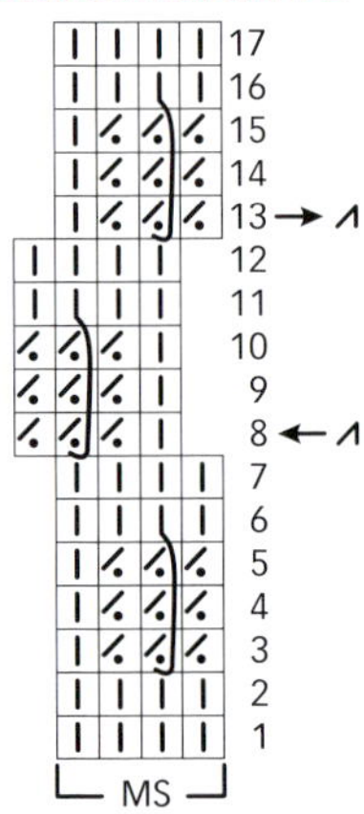

ZEICHENERKLÄRUNG

- I = 1 Masche rechts
- [2 rechts zus.] = 2 Maschen rechts zusammenstricken
- [Überzug] = 1 einfacher Überzug
- U = 1 Umschlag
- [2/1] = 3 Maschen nach rechts verzopfen (= 2 Maschen auf 1 Zopfnadel hinter die Arbeit legen, die folgende Masche rechts stricken, dann die 2 Maschen der Zopfnadel rechts stricken)

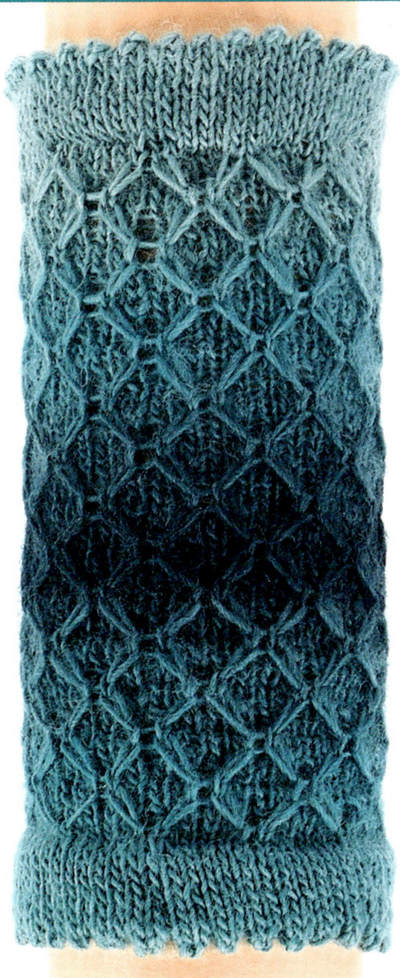

MUSTER

Bündchen: Für den Mäusezähnchenrand zunächst 2 cm glatt rechts stricken, dann für die Bruchkante in der folgenden Runde fortlaufend 2 Maschen rechts zusammenstricken und dafür 1 Umschlag auf die Nadel nehmen. Dann nochmals 2 cm glatt rechts stricken. In der folgenden Runde die Blende nach innen umschlagen und stets beim Abstricken zunächst in die Masche auf der Nadel und in die entsprechende Anschlagmasche einstechen, dann die beiden Maschen zusammen rechts abstricken.

Spannmaschen-Muster 3 – Fangmuster B: Die Maschenzahl muss durch 6 teilbar sein. Laut Strickschrift 3 arbeiten. Den Mustersatz (MS) und die 1.–12. Runde stets wiederholen.

Hinweis: Für Größe 38/39 wurden 56 Maschen angeschlagen und nach bzw. vor dem Bündchen 4 Maschen zugenommen = 60 Maschen.

STRICKSCHRIFT 3

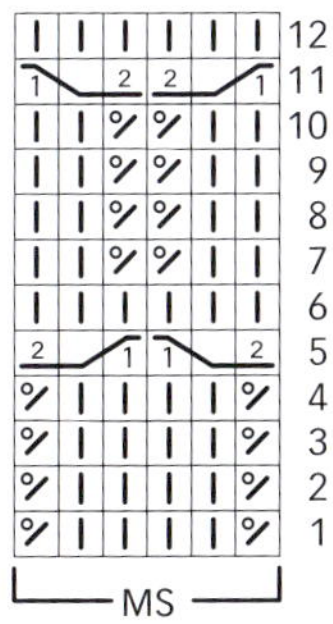

= 3 Maschen nach links verzopfen (= 1 Masche auf 1 Zopfnadel vor die Arbeit legen, die folgenden 2 Maschen rechts stricken, dann die Masche der Zopfnadel rechts stricken)

= 1 Masche abheben, dabei den Faden vor der Arbeit mitführen

= 1 Masche abheben, dabei den Faden hinter der Arbeit mitführen

= 1 Masche rechts, dabei vor dem Einstechen die rechte Nadel unter den 3 Spannfäden der Vorrunden durchführen und die folgende Masche rechts abstricken. Dadurch legen sich die Spannfäden hinter die Masche

MS = Mustersatz

SEPTEMBER

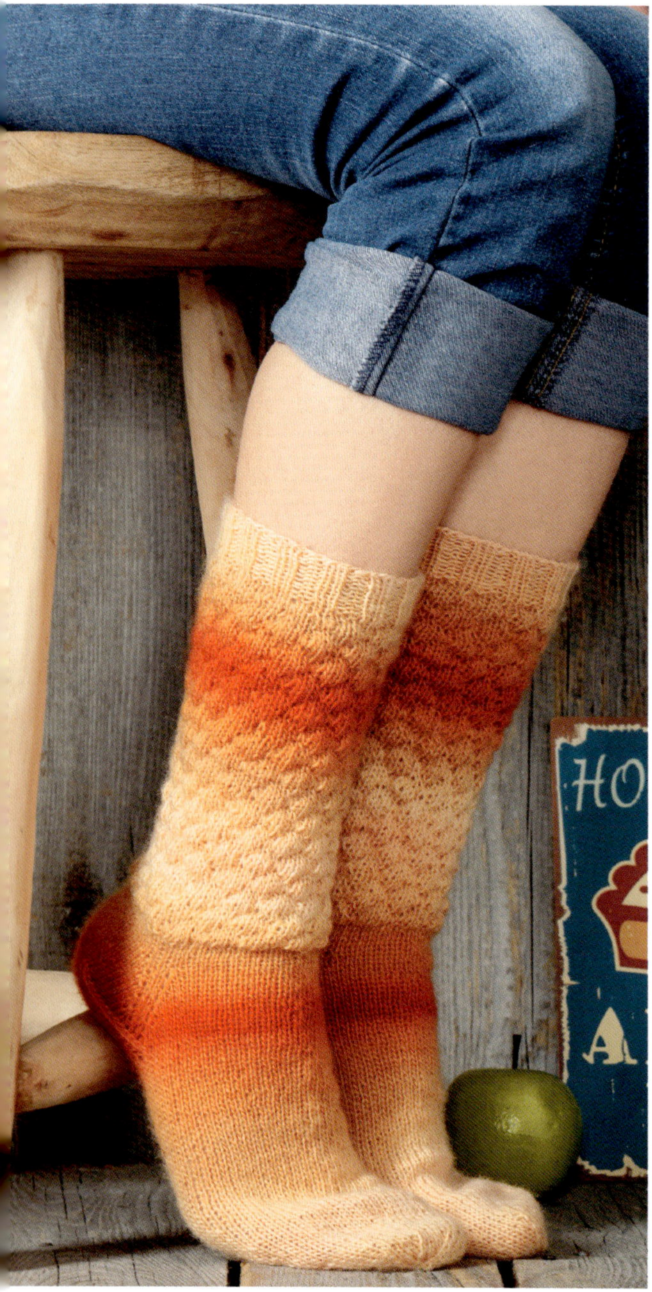

GRÖSSE 32/33 (40/41)

MATERIAL

- Woolly Hugs YEAR-SOCKS (75 % Schurwolle, 25 % Polyamid, Lauflänge ca. 400 m/100 g) von L&K (www.VeronikaHug.com): 100 g Orange-Töne (Farbe September – 09)
- 1 Nadelspiel Nr. 2,5–3,5
- 1 Rundenmarkierer

MUSTER

Glatt rechts: Stets rechte Maschen stricken.

Rippenmuster: 2 Maschen rechts, 2 Maschen links im Wechsel stricken.

Noppenmuster 1: Die Maschenzahl muss durch 4 teilbar sein. Laut Strickschrift 1 arbeiten. Den Mustersatz (MS) und die 1.–12. Runde stets wiederholen.

MASCHENPROBE GLATT RECHTS:
28 Maschen x 40 Reihen = 10 x 10 cm

STRICKSCHRIFT 1

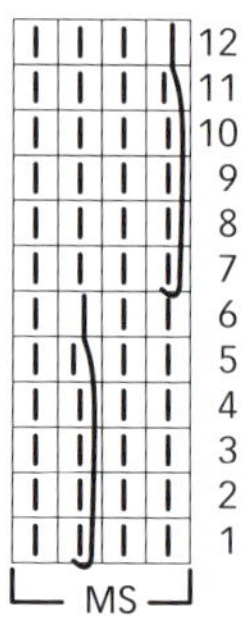

NOPPENMUSTER 1

SOCKEN AB SPITZE:

8 Maschen anschlagen und für die **Spitze** 4 (5) x in jeder 2. Runde und 1 x in der folgenden 4. Runde je 8 Maschen zunehmen. In der folgenden 4. Runde auf jeder Nadel 1 Masche zunehmen = 52 (60) Maschen. Es befinden sich auf jeder Nadel 13 (15) Maschen. Glatt rechts stricken.
Für **Rist und Ferse** nach 15 (19,5) cm ab Anschlag 5 (7) x in jeder 2. Runde je 4 Maschen laut Workshop zunehmen = 72 (88) Maschen. Anschließend die ersten 5 (7) Maschen der 2. Nadel auf die 1. Nadel legen und die letzten 5 (7) Maschen der 3. Nadel auf die 4. Nadel legen. Nun befinden sich je 23 (29) Maschen auf der 1. und 4. Nadel und je 13 (15) Maschen auf der 2. und 3. Nadel.
Das **Käppchen** über den mittleren 16 (20) Maschen der 1. und 4. Nadel laut Workshop arbeiten und für das Käppchen so viele hin- und hergehende Reihen arbeiten, bis nur noch je 14 (16) Maschen auf der 1. und 4. Nadel liegen. Die letzte Käppchen-Runde über alle Maschen arbeiten, dabei in dieser Runde die letzte Käppchenmasche mit der folgenden Masche überzogen zusammenstricken und die 1. Käppchenmasche mit der Masche davor rechts zusammenstricken = 52 (60) Maschen.
Nach weiteren 3 Runden glatt rechts für den **Schaft** im Noppenmuster 1 weiterarbeiten.

Nach 13 (17) cm ab Beginn des Noppenmusters für das **Bündchen** im Rippenmuster stricken. Nach 3 cm im Rippenmuster alle Maschen locker abketten (siehe Workshop).

SOCKEN AB SCHAFT:

52 (60) Maschen anschlagen und für das **Bündchen** 3 cm im Rippenmuster stricken. Dann für den **Schaft** 13 (17) cm im Noppenmuster 1 stricken. Anschließend 4 Runden rechte Maschen stricken. Nun für **Rist und Ferse** die Maschen zunehmen wie bei der Socke ab Spitze beschrieben, auch das Käppchen genauso arbeiten.
Über den restlichen 52 (60) Maschen für den Fuß glatt rechts weiterarbeiten. Nach 17 (22) cm Fußlänge für die **Spitze** laut Workshop die Maschen abnehmen. Dafür in der folgenden Runde auf jeder Nadel 1 Masche abnehmen und weitere 3 Runden rechte Maschen stricken. Dann 1 x in der folgenden Runde und noch 1 x in der folgenden 4. Runde je 8 Maschen abnehmen. Anschließend noch 3 (4) x in jeder 2. Runde je 8 Maschen abnehmen. Die letzten 8 Maschen mit dem Arbeitsfaden zusammenziehen und diesen vernähen.

ZEICHENERKLÄRUNG

- I = 1 Masche rechts
- – = 1 Masche links
- < = 1 Masche rechts verschränkt
- ▒ = keine Bedeutung, das Kästchen dient der besseren Übersicht
-) = mit der rechten Nadel in die 5. darunterliegende Reihe der folgenden Masche einstechen, die Masche von der Nadel gleiten lassen und bis zur Einstichstelle auflösen, dann die Masche rechts abstricken, dabei die Spannfäden der darüberliegenden Reihen mitfassen
- \\ 5 / = aus 1 Masche insgesamt 5 Maschen herausstricken (= abwechselnd 1 Masche rechts, 1 Umschlag, 1 Masche rechts, 1 Umschlag und 1 Masche rechts)

NOPPENMUSTER 2

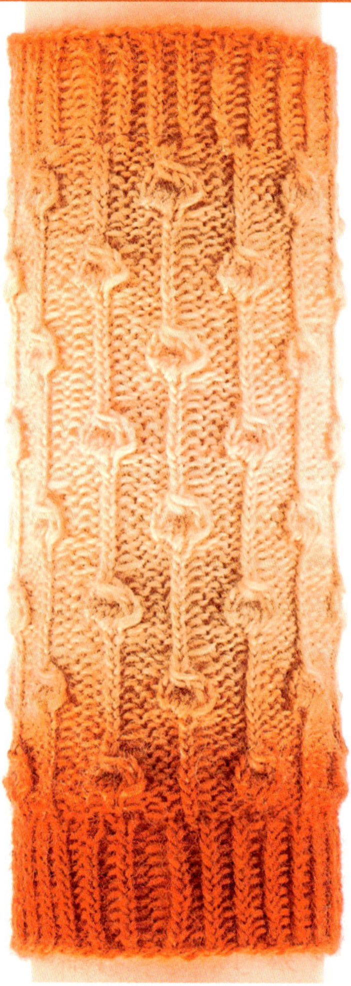

MUSTER

Bündchen: 1 Masche rechts verschränkt, 1 Masche links im Wechsel stricken.

Noppenmuster 2: Die Maschenzahl muss durch 8 teilbar sein. Laut Strickschrift 2 arbeiten. Den Mustersatz (MS) und die 1.–16. Runde stets wiederholen.

Hinweis: Für Größe 38/39 wurden 56 Maschen angeschlagen.

STRICKSCHRIFT 2

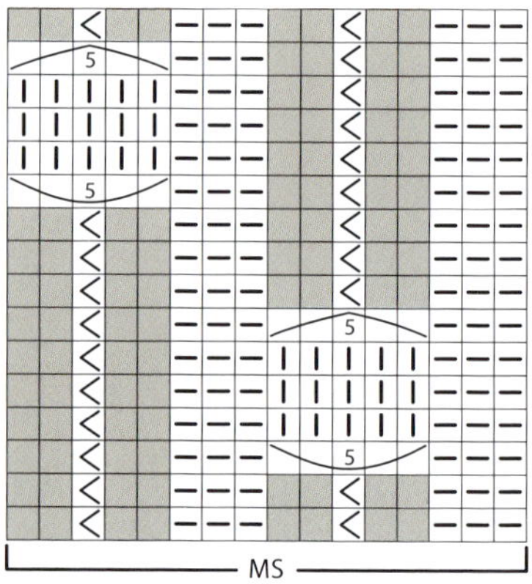

(5) = 5 Maschen überzogen zusammenstricken (= 2 Maschen abheben, die folgenden 3 Maschen rechts zusammenstricken, dann die 2 abgehobenen Maschen darüberziehen)

U = 1 Umschlag

2 = 2 Maschen rechts zusammenstricken

↓ = 1 einfacher Überzug

• = 1 Noppe (aus der folgenden Masche insgesamt 5 Maschen herausstricken, und zwar: abwechselnd 1 Masche rechts, 1 Umschlag, 1 Masche rechts, 1 Umschlag, 1 Masche rechts; * dann die Arbeit wenden und 5 Maschen links stricken, die Arbeit nochmals wenden und 5 Maschen rechts stricken, ab * noch 3 x wiederholen, dabei nach dem letzten Mal Wenden die 5 Maschen überzogen zusammenstricken. Dafür 2 Maschen abheben, die folgenden 3 Maschen rechts zusammenstricken, dann die 2 abgehobenen Maschen darüberziehen)

MS = Mustersatz

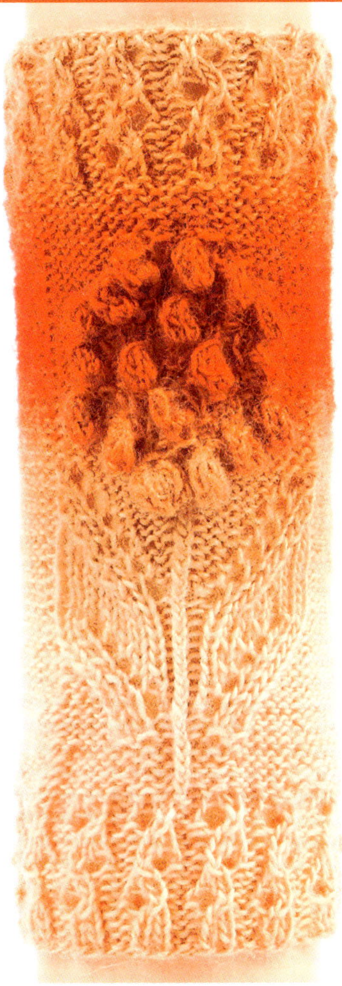

MUSTER

Bündchen: Die Maschenzahl muss durch 4 teilbar sein. Laut Strickschrift 3 arbeiten. Es sind nur die ungeraden Runden gezeichnet. In den geraden Runden die Maschen stricken, wie sie erscheinen, Umschläge rechts stricken. Den Mustersatz (MS) und die 1.–16. Runde 1 x arbeiten.

Noppenmuster 3: Über 17 Maschen. Laut Strickschrift 4 arbeiten. Es sind nur die ungeraden Runden gezeichnet. In den geraden Runden die Maschen stricken, wie sie erscheinen. Darauf achten, dass sich das Noppenbäumchen beim späteren Tragen der Socke auf der Außenseite des Beines befindet. Hier muss die rechte und linke Socke gegengleich gearbeitet werden (siehe Hinweis im Workshop).

Hinweis: Für Größe 38/39 wurden 56 Maschen angeschlagen.

STRICKSCHRIFT 4

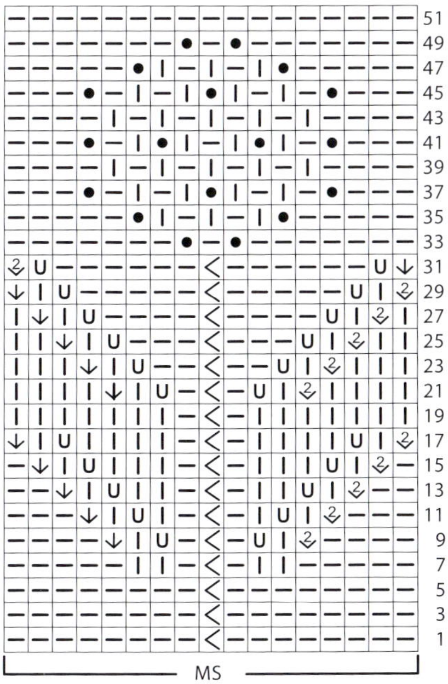

STRICKSCHRIFT 3

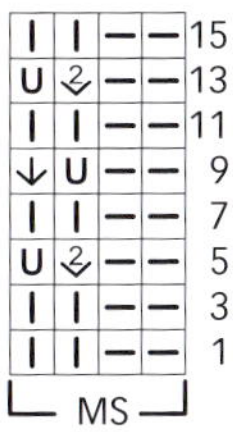

OKTOBER

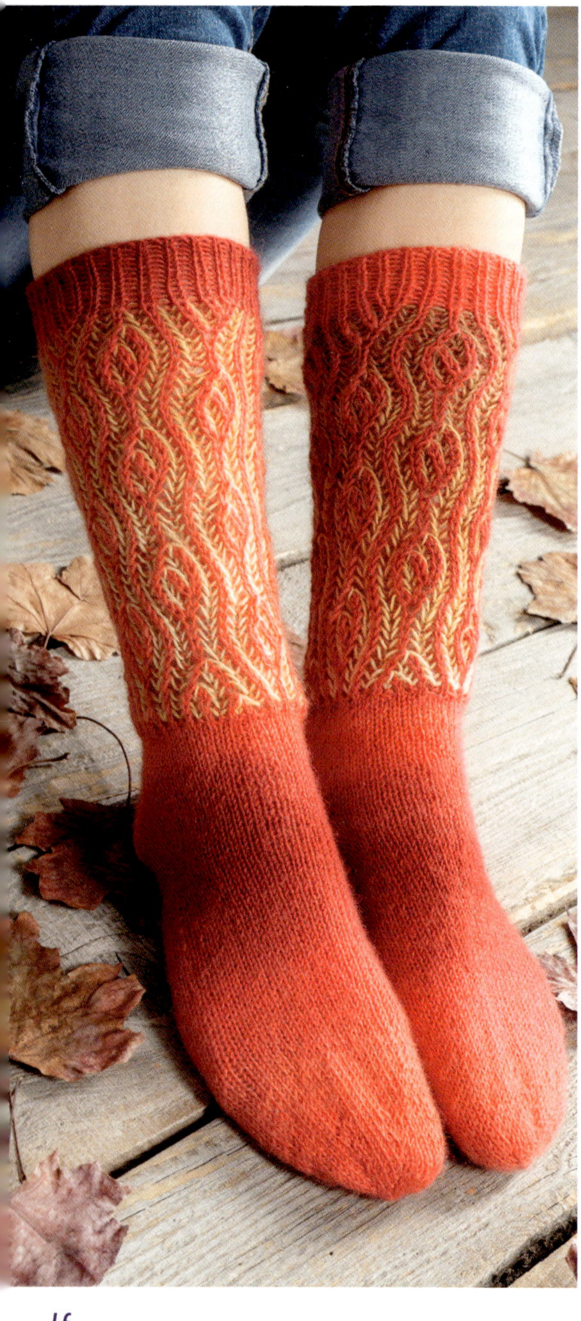

GRÖSSE 40/41 (42/43)

MATERIAL

- Woolly Hugs YEAR-SOCKS (75 % Schurwolle, 25 % Polyamid, Lauflänge ca. 400 m/100 g) von L&K (www.VeronikaHug.com):
  100 g Koralle-Töne (Farbe Oktober – 10)
  100 g Gelb-Töne (Farbe März – 03)
- 1 Nadelspiel Nr. 2,5–3,5
- 1 Rundenmarkierer

MUSTER

Glatt rechts: Stets rechte Maschen stricken.
Rippenmuster: 1 Masche rechts, 1 Masche links im Wechsel stricken.
Relief-Patent 1: Die Maschenzahl muss durch 12 teilbar sein. Laut Strickschrift 1 arbeiten. Den Mustersatz (MS) stets wiederholen. Die 1.–24. Runde 1 x arbeiten, dann die 3.–24. Runde stets wiederholen. Die ungeraden Runden stets in der Musterfarbe, die geraden Runden stets in der Grundfarbe stricken. Beim Farbwechsel die Fäden auf der Rückseite der Arbeit miteinander verkreuzen.

MASCHENPROBE GLATT RECHTS:
28 Maschen x 40 Reihen = 10 x 10 cm;
im Relief-Patent: 22 Maschen x 56 Reihen = 10 x 10 cm

SOCKEN AB SPITZE:

8 Maschen anschlagen und für die **Spitze** 5 x in jeder 2. Runde und 1 x in der folgenden 4. Runde je 8 Maschen zunehmen. In der folgenden 4. Runde auf jeder Nadel 1 Masche zunehmen = 60 Maschen. Es befinden sich auf jeder Nadel 15 Maschen. Glatt rechts stricken.

RELIEF-PATENT 1

Für **Rist und Ferse** nach 19,5 (20) cm ab Anschlag 7 (8) x in jeder 2. Runde je 4 Maschen laut Workshop zunehmen = 88 (92) Maschen. Anschließend die ersten 7 (8) Maschen der 2. Nadel auf die 1. Nadel legen und die letzten 7 (8) Maschen der 3. Nadel auf die 4. Nadel legen. Nun befinden sich je 29 (31) Maschen auf der 1. und 4. Nadel und je 15 Maschen auf der 2. und 3. Nadel.
Das **Käppchen** über den mittleren 20 (22) Maschen der 1. und 4. Nadel laut Workshop arbeiten und für das Käppchen so viele hin- und hergehende Reihen arbeiten, bis nur noch je 15 Maschen auf der 1. und 4. Nadel liegen. Die letzte Käppchen-Runde über alle Maschen arbeiten, dabei in dieser Runde die letzte Käppchenmasche mit der folgenden Masche überzogen zusammenstricken und die 1. Käppchenmasche mit der Masche davor rechts zusammenstricken = 60 Maschen.
Nach weiteren 3 Runden glatt rechts für den **Schaft** im Relief-Patent 1 weiterarbeiten, dabei in der 1. Runde zum Ausgleich der Maschenprobe auf jeder Nadel gleichmäßig verteilt je 3 Maschen abnehmen = 48 Maschen.

Nach 15 (17) cm ab Beginn des Relief-Patents für das **Bündchen** 3 cm im Rippenmuster stricken, dabei in der 1. Runde auf jeder Nadel gleichmäßig verteilt 3 Maschen zunehmen, dann alle Maschen locker abketten (siehe Workshop).

SOCKEN AB SCHAFT:

60 Maschen anschlagen und für das **Bündchen** 3 cm im Rippenmuster stricken, dann für den **Schaft** im Relief-Patent 1 stricken, dabei in der 1. Runde zum Ausgleich der Maschenprobe auf jeder Nadel gleichmäßig verteilt je 3 Maschen abnehmen = 48 Maschen. Nach 15 (17) cm ab Beginn des Relief-Patents 4 Runden rechte Maschen stricken, dabei in der 1. Runde auf jeder Nadel gleichmäßig verteilt 3 Maschen zunehmen. Nun für **Rist und Ferse** die Maschen zunehmen wie bei der Socke ab Spitze beschrieben, auch das Käppchen genauso arbeiten.
Über den restlichen 60 Maschen für den Fuß glatt rechts weiterarbeiten. Nach 22 (23) cm Fußlänge für die **Spitze** laut Workshop die Maschen abnehmen. In der folgenden Runde auf jeder Nadel 1 Masche abnehmen und weitere 3 Runden rechte Maschen stricken. Dann 1 x in der folgenden Runde und noch 1 x in der folgenden 4. Runde je 8 Maschen abnehmen. Anschließend noch 4 x in jeder 2. Runde je 8 Maschen abnehmen. Die letzten 8 Maschen mit dem Arbeitsfaden zusammenziehen und diesen vernähen.

STRICKSCHRIFT 1

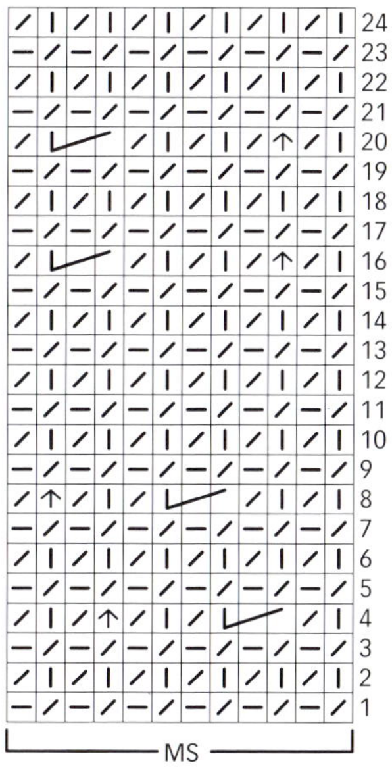

RELIEF-PATENT 2

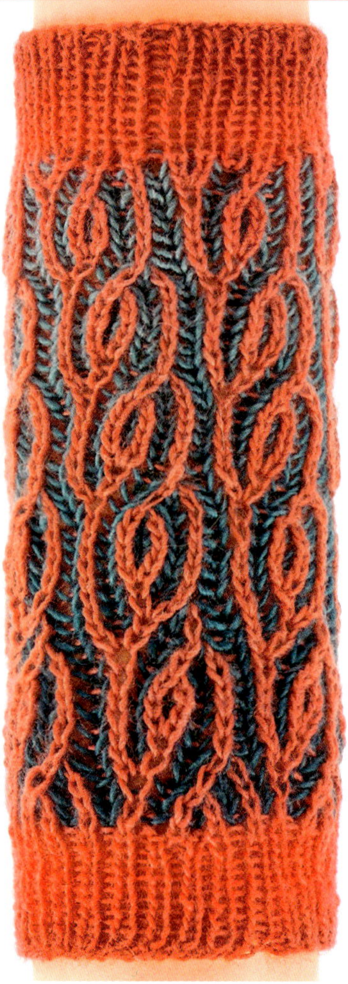

MUSTER

Bündchen: 1 Masche rechts, 1 Masche links im Wechsel stricken.

Relief-Patent 2: Die Maschenzahl muss durch 8 teilbar sein. Laut Strickschrift 2 arbeiten. Den Mustersatz (MS) und die 1.–16. Runde stets wiederholen. Die ungeraden Runden stets in der Musterfarbe, die geraden Runden stets in der Grundfarbe stricken. Beim Farbwechsel die Fäden auf der Rückseite der Arbeit miteinander verkreuzen.

Hinweis: Für Größe 38/39 wurden 56 Maschen angeschlagen und nach bzw. vor dem Bündchen 8 Maschen abgenommen = 48 Maschen.

STRICKSCHRIFT 2

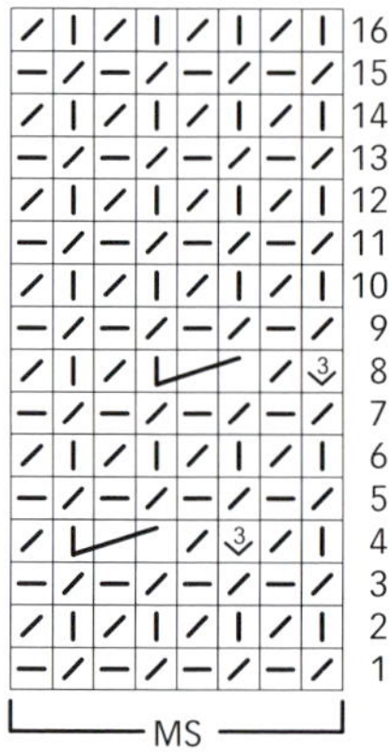

ZEICHENERKLÄRUNG

[I] = 1 Masche mit dem Umschlag rechts zusammenstricken

[–] = in der 1. Runde 1 Masche links, danach 1 Masche mit dem Umschlag links zusammenstricken

[/] = 1 Masche mit 1 Umschlag wie zum Linksstricken abheben

[↑] = 1 doppelter Überzug (= 1 Masche mit dem Umschlag abheben, die folgenden 2 Maschen mit dem Umschlag rechts zusammenstricken, dann die abgehobene Masche mit dem Umschlag darüberziehen)

RELIEF-PATENT 3

MUSTER

Bündchen: 1 Masche rechts, 1 Masche links im Wechsel stricken.

Relief-Patent 3: Die Maschenzahl muss durch 8 teilbar sein. Laut Strickschrift 3 arbeiten. Den Mustersatz und die 1.–28. Runde stets wiederholen. Die ungeraden Runden stets in der Musterfarbe, die geraden Runden stets in der Grundfarbe stricken. Beim Farbwechsel die Fäden auf der Rückseite der Arbeit miteinander verkreuzen.

Hinweis: Für Größe 38/39 wurden 56 Maschen angeschlagen und nach bzw. vor dem Bündchen 8 Maschen abgenommen = 48 Maschen.

STRICKSCHRIFT 3

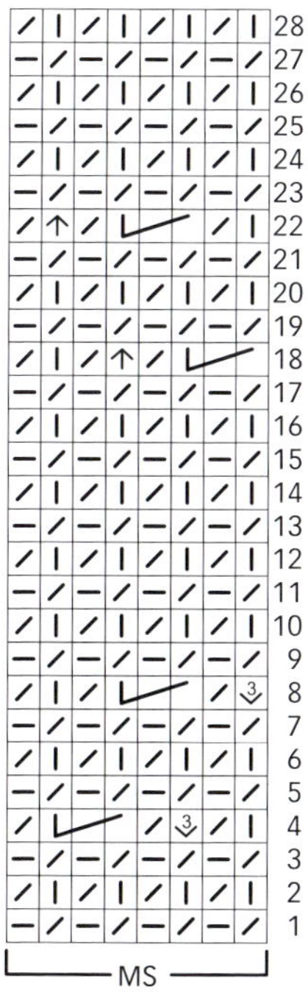

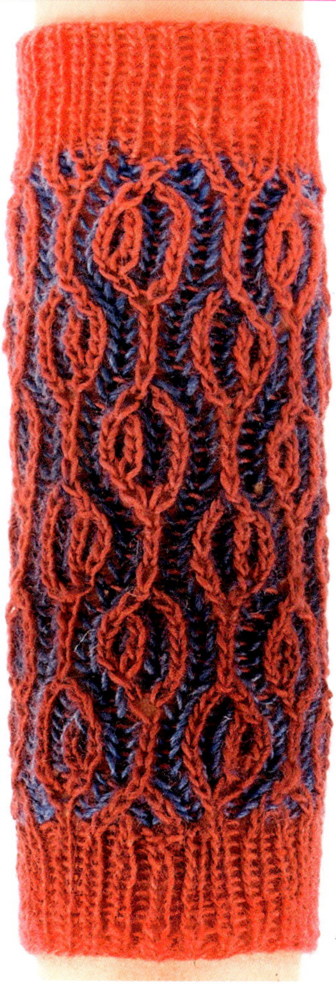

= aus 1 Masche insgesamt 3 Maschen herausstricken (abwechselnd 1 Masche rechts, 1 Umschlag und 1 Masche rechts)

= 3 Maschen mit den darüberliegenden Umschlägen rechts zusammenstricken

MS = Mustersatz

NOVEMBER

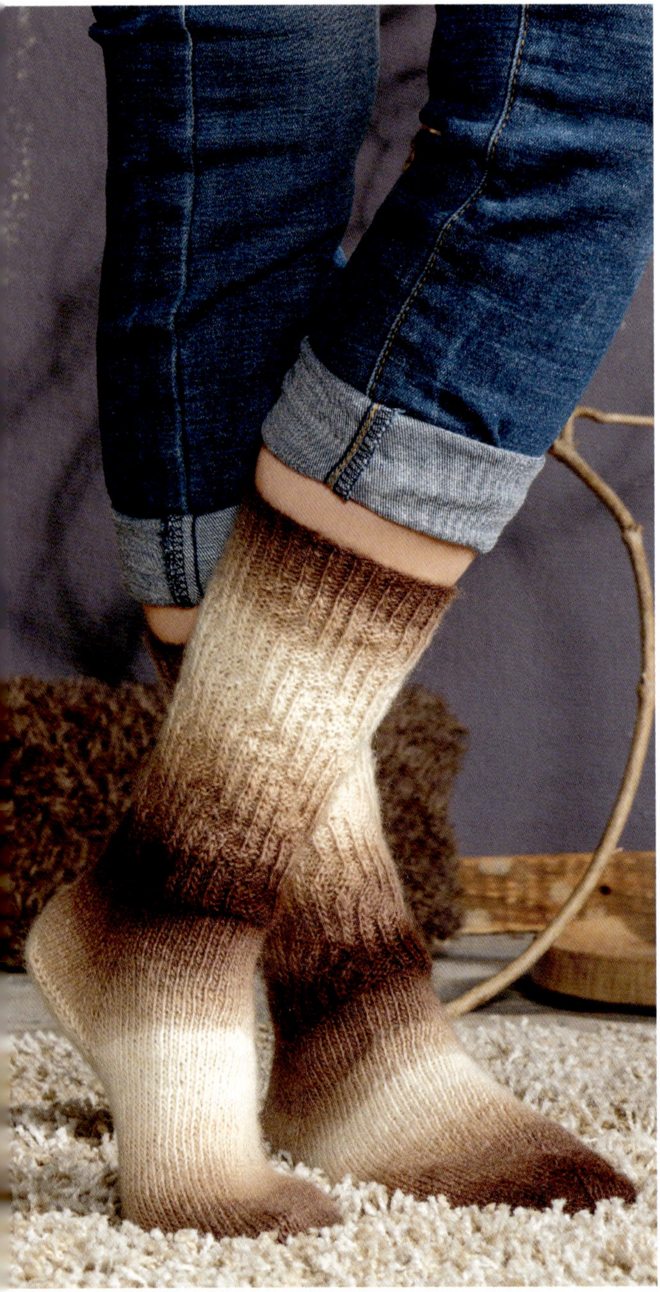

GRÖSSE 40/41 (42/43)

MATERIAL

- Woolly Hugs YEAR-SOCKS (75 % Schurwolle, 25 % Polyamid, Lauflänge ca. 400 m/100 g) von L&K (www.VeronikaHug.com): 100 g Braun-Töne (Farbe November – 11)
- 1 Nadelspiel Nr. 2,5–3,5
- 1 Rundenmarkierer

MUSTER

Glatt rechts: Stets rechte Maschen stricken.

Rippenmuster: 1 Masche rechts, 1 Masche links im Wechsel stricken.

Patentmuster 1: Die Maschenzahl muss durch 12 teilbar sein. Laut Strickschrift 1 arbeiten. Es sind nur die ungeraden Runden gezeichnet. In den geraden Runden die Maschen stricken, wie sie erscheinen bzw. wie in der Zeichenerklärung angegeben. Den Mustersatz (MS) und die 1.–24. Runde stets wiederholen.

MASCHENPROBE GLATT RECHTS:
28 Maschen x 40 Reihen = 10 x 10 cm

PATENTMUSTER 1

SOCKEN AB SPITZE:

8 Maschen anschlagen und für die **Spitze** 5 x in jeder 2. Runde und 1 x in der folgenden 4. Runde je 8 Maschen zunehmen. In der folgenden 4. Runde auf jeder Nadel 1 Masche zunehmen = 60 Maschen. Es befinden sich auf jeder Nadel 15 Maschen. Glatt rechts stricken.

Für **Rist und Ferse** nach 19,5 (20) cm ab Anschlag 7 (8) x in jeder 2. Runde je 4 Maschen laut Workshop zunehmen = 88 (92) Maschen. Anschließend die ersten 7 (8) Maschen der 2. Nadel auf die 1. Nadel legen und die letzten 7 (8) Maschen der 3. Nadel auf die 4. Nadel legen. Nun befinden sich je 29 (31) Maschen auf der 1. und 4. Nadel und je 15 Maschen auf der 2. und 3. Nadel.

Das **Käppchen** über den mittleren 20 (22) Maschen der 1. und 4. Nadel laut Workshop arbeiten und für das Käppchen so viele hin- und hergehende Reihen arbeiten, bis nur noch je 16 Maschen auf der 1. und 4. Nadel liegen. Die letzte Käppchen-Runde über alle Maschen arbeiten, dabei in dieser Runde die letzte Käppchenmasche mit der folgenden Masche überzogen zusammenstricken und die 1. Käppchenmasche mit der Masche davor rechts zusammenstricken = 60 Maschen.

Nach weiteren 3 Runden glatt rechts für den **Schaft** im Patentmuster 1 weiterarbeiten.

Nach 17 (19) cm ab Beginn des Patentmusters für das **Bündchen** im Rippenmuster stricken.

Nach 3 cm im Rippenmuster alle Maschen locker abketten (siehe Workshop).

SOCKEN AB SCHAFT:

60 Maschen anschlagen und für das **Bündchen** 3 cm im Rippenmuster stricken. Dann für den **Schaft** 17 (19) cm im Patentmuster 1 stricken. Anschließend 4 Runden rechte Maschen stricken.

Nun für **Rist und Ferse** die Maschen zunehmen wie bei der Socke ab Spitze beschrieben, auch das **Käppchen** genauso arbeiten.

Über den restlichen 60 Maschen für den Fuß glatt rechts weiterarbeiten. Nach 22 (23) cm Fußlänge für die **Spitze** laut Workshop die Maschen abnehmen. Dafür in der folgenden Runde auf jeder Nadel 1 Masche abnehmen und weitere 3 Runden rechte Maschen stricken. Dann 1 x in der folgenden Runde und noch 1 x in der folgenden 4. Runde je 8 Maschen abnehmen. Anschließend noch 4 x in jeder 2. Runde je 8 Maschen abnehmen. Die letzten 8 Maschen mit dem Arbeitsfaden zusammenziehen und diesen vernähen.

STRICKSCHRIFT 1

–	V	–	–	–	–	–	V	–	V	–	V	23
–	V	–	–	–	–	–	V	–	V	–	V	21
–	V	–	V	–	–	–	–	–	V	–	V	19
–	V	–	V	–	–	–	–	–	V	–	V	17
–	V	–	V	–	V	–	–	–	–	–	V	15
–	V	–	V	–	V	–	–	–	–	–	V	13
–	V	–	V	–	V	–	V	–	–	–	–	11
–	V	–	V	–	V	–	V	–	–	–	–	9
–	–	–	V	–	V	–	V	–	V	–	–	7
–	–	–	V	–	V	–	V	–	V	–	–	5
–	–	–	–	–	V	–	V	–	V	–	V	3
–	–	–	–	–	V	–	V	–	V	–	V	1

MS

PATENTMUSTER 2

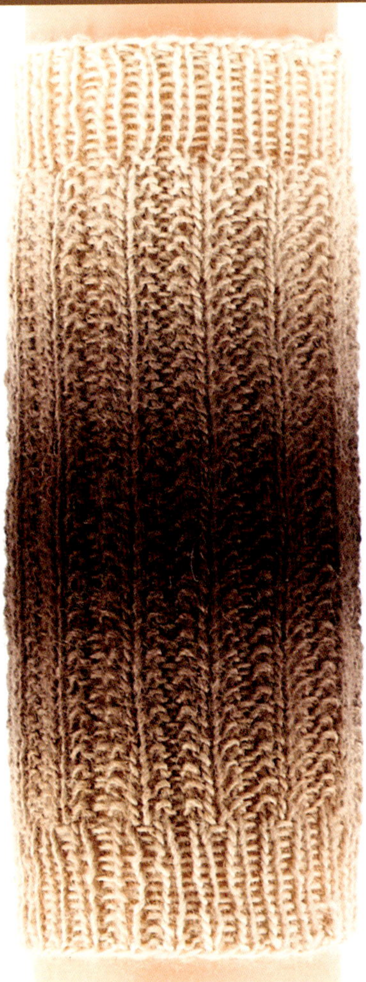

MUSTER

Bündchen: 1 Masche rechts, 1 Masche links im Wechsel stricken.

Patentmuster 2 – Falsches Patent: Die Maschenzahl muss durch 4 teilbar sein. Laut Strickschrift 2 arbeiten. Den Mustersatz (MS) und die 1.–4. Runde stets wiederholen.

Hinweis: Für Größe 38/39 wurden 56 Maschen angeschlagen.

STRICKSCHRIFT 2

				Runde
I	–	–	–	4
I	I	–	I	3
I	–	–	–	2
I	I	–	I	1
MS				

ZEICHENERKLÄRUNG

I = 1 Masche rechts

– = 1 Masche links

V = 1 Masche rechts, dabei 1 Runde tiefer einstechen – in der folgenden Runde 1 Masche rechts stricken

U/ = 1 Masche wie zum Linksstricken mit 1 Umschlag abheben

/I = den Umschlag nach links schieben, die Masche rechts abstricken und den Umschlag abheben

U– = die Masche mit dem Umschlag links zusammenstricken

MS = Mustersatz

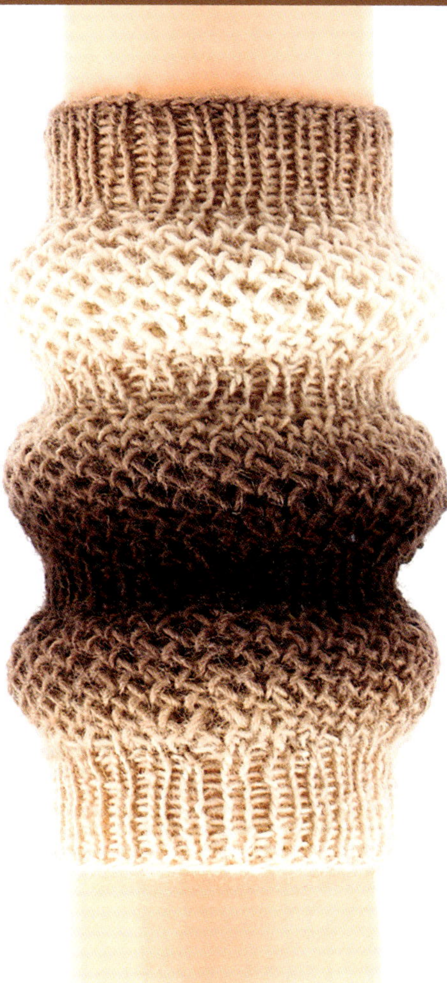

MUSTER

Bündchen: 1 Masche rechts, 1 Masche links im Wechsel stricken.

Patentmuster 3 – Relief-Patent: Die Maschenzahl muss durch 8 teilbar sein. Laut Strickschrift 3 arbeiten. Den Mustersatz und die 1.–28. Runde stets wiederholen.

Hinweis: Für Größe 38/39 wurden 56 Maschen angeschlagen und nach bzw. vor dem Bündchen 8 Maschen abgenommen = 48 Maschen.

STRICKSCHRIFT 3

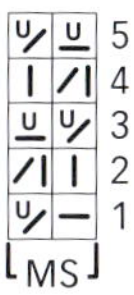

ZEICHENERKLÄRUNG DEZEMBER

[I] = 1 Masche rechts

[–] = 1 Masche links

[U] = 1 Rechts-Zunahme

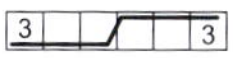

= 6 rechte Maschen nach rechts verzopfen (= 3 Maschen auf 1 Zopfnadel hinter die Arbeit legen, die folgenden 3 Maschen rechts stricken, dann die Maschen der Zopfnadel rechts stricken)

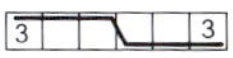

= 6 rechte Maschen nach links verzopfen (= 3 Maschen auf 1 Zopfnadel vor die Arbeit legen, die folgenden 3 Maschen rechts stricken, dann die Maschen der Zopfnadel rechts stricken)

DEZEMBER

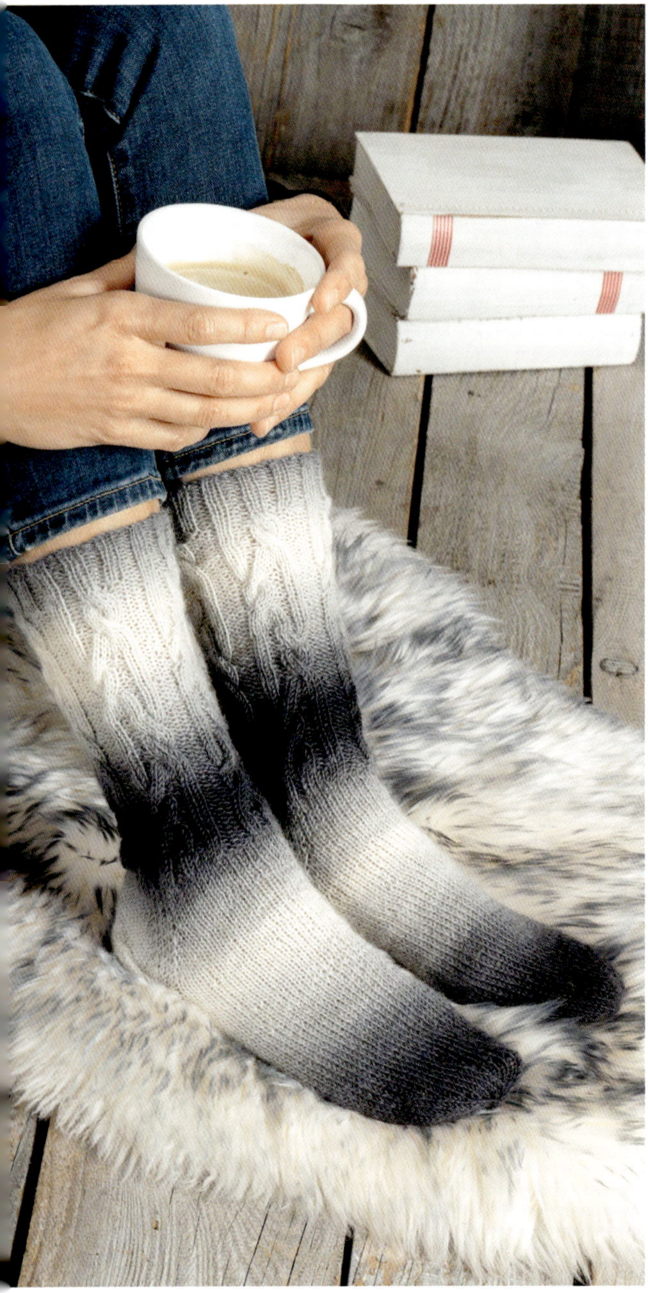

GRÖSSE 38/39 (40/41)

MATERIAL

- Woolly Hugs YEAR-SOCKS (75 % Schurwolle, 25 % Polyamid, Lauflänge ca. 400 m/100 g) von L&K (www.VeronikaHug.com): 100 g Grau-Töne (Farbe Dezember – 12)
- 1 Nadelspiel Nr. 2,5–3,5; 1 Zopf- oder Hilfsnadel
- 1 Rundenmarkierer

MUSTER

Glatt rechts: Stets rechte Maschen stricken.

Rippenmuster: 2 Maschen rechts, 2 Maschen links im Wechsel stricken.

Zopfmuster 1: Die Maschenzahl muss durch 12 teilbar sein. Laut Strickschrift 1 arbeiten. Es sind nur die ungeraden Runden gezeichnet. In den geraden Runden alle Maschen stricken, wie sie erscheinen. Den Mustersatz (MS) stets wiederholen. Die 1.–30. Runde 1 x arbeiten, dann die 3.–30. Runde stets wiederholen.

MASCHENPROBE GLATT RECHTS:
28 Maschen x 40 Reihen = 10 x 10 cm

Zeichenerklärung siehe Seite 53–57.

ZOPFMUSTER 1

SOCKEN AB SPITZE:

8 Maschen anschlagen und für die **Spitze** 5 x in jeder 2. Runde und 1 x in der folgenden 4. Runde je 8 Maschen zunehmen. Für Größe 40/41 in der folgenden 4. Runde auf jeder Nadel 1 Masche zunehmen = 56 (60) Maschen. Es befinden sich auf jeder Nadel 14 (15) Maschen. Glatt rechts stricken.

Für **Rist und Ferse** nach 18 (19,5) cm ab Anschlag 7 x in jeder 2. Runde je 4 Maschen laut Workshop zunehmen = 84 (88) Maschen. Anschließend die ersten 7 Maschen der 2. Nadel auf die 1. Nadel legen und die letzten 7 Maschen der 3. Nadel auf die 4. Nadel legen. Nun befinden sich je 28 (30) Maschen auf der 1. und 4. Nadel und je 14 (15) Maschen auf der 2. und 3. Nadel. Das **Käppchen** über den mittleren 20 Maschen der 1. und 4. Nadel laut Workshop arbeiten und für das Käppchen so viele hin- und hergehende Reihen arbeiten, bis nur noch je 15 (16) Maschen auf der 1. und 4. Nadel liegen. Die letzte Käppchen-Runde über alle Maschen arbeiten, dabei in dieser Runde die letzte Käppchenmasche mit der folgenden Masche überzogen zusammenstricken und die 1. Käppchenmasche mit der Masche davor rechts zusammenstricken = 56 (60) Maschen.

Nun weitere 3 Runden glatt rechts stricken, dabei in der letzten Runde für Größe 38/39 auf jeder Nadel 1 Masche zunehmen = 60 Maschen. Danach für den **Schaft** im Zopfmuster 1 weiterarbeiten. Musterbedingt werden in der 1. Runde 10 Maschen zugenommen = 70 Maschen.

Nach 17 (19) cm ab Beginn des Zopfmusters für das **Bündchen** im Rippenmuster weiterarbeiten, dabei in der 1. Runde verteilt 14 (10) Maschen abnehmen = 56 (60) Maschen. Nach 3 cm im Rippenmuster alle Maschen locker abketten (siehe Workshop).

SOCKEN AB SCHAFT:

56 (60) Maschen anschlagen und für das **Bündchen** 3 cm im Rippenmuster stricken, dabei für Größe 38/39 in der letzten Runde auf jeder Nadel 1 Masche zunehmen = 60 Maschen. Dann für den **Schaft** im Zopfmuster 1 stricken. Musterbedingt werden in der 1. Runde 10 Maschen zugenommen = 70 Maschen. Nach 17 (19) cm ab Beginn des Zopfmusters 4 Runden rechte Maschen stricken, dabei in der 1. Runde verteilt 14 (10) Maschen abnehmen. Es liegen auf jeder Nadel 14 (15) Maschen. Nun für **Rist und Ferse** die Maschen zunehmen wie bei der Socke ab Spitze beschrieben, auch das Käppchen genauso arbeiten.

Über den restlichen 56 (60) Maschen für den Fuß glatt rechts weiterarbeiten. Nach 21 (22) cm Fußlänge für die **Spitze** laut Workshop die Maschen abnehmen. Dafür für Größe 40/41 auf jeder Nadel 1 Masche abnehmen und weitere 3 Runden rechte Maschen stricken. Dann für beide Größen 1 x in der folgenden Runde und noch 1 x in der folgenden 4. Runde je 8 Maschen abnehmen. Anschließend noch 4 x in jeder 2. Runde je 8 Maschen abnehmen. Die letzten 8 Maschen mit dem Arbeitsfaden zusammenziehen und diesen vernähen.

STRICKSCHRIFT 1

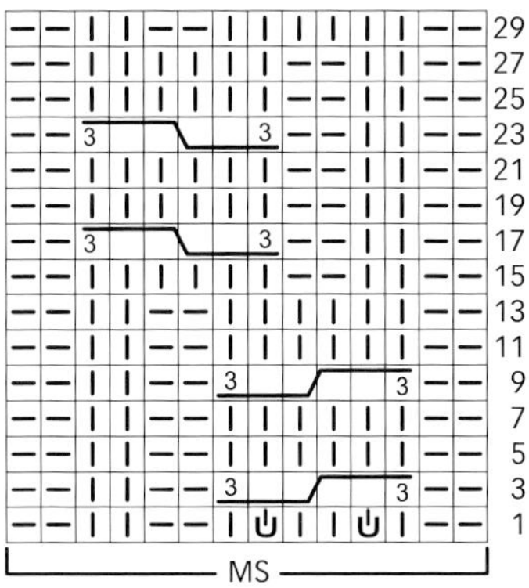

ZOPFMUSTER 2

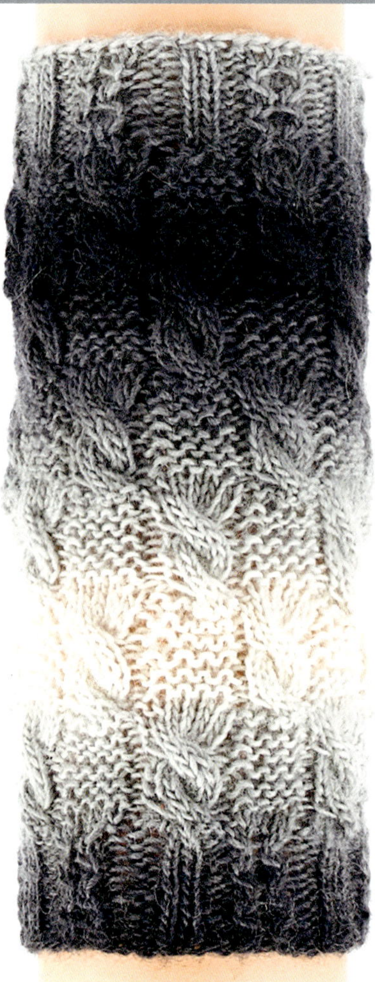

MUSTER

Bündchen: Die Maschenzahl muss durch 10 teilbar sein. Laut Strickschrift 2 arbeiten. Den Mustersatz (MS) und die 1.–4. Runde stets wiederholen.

Zopfmuster 2: Die Maschenzahl muss durch 12 teilbar sein. Laut Strickschrift 3 arbeiten. Den Mustersatz (MS) und die 1.–24. Runde stets wiederholen.

Hinweis: Für Größe 38/39 wurden 60 Maschen angeschlagen und nach bzw. vor dem Bündchen 12 Maschen zugenommen = 72 Maschen.

STRICKSCHRIFT 3

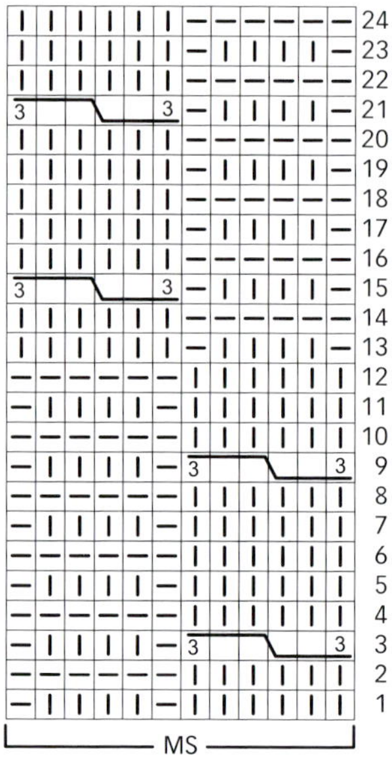

STRICKSCHRIFT 2

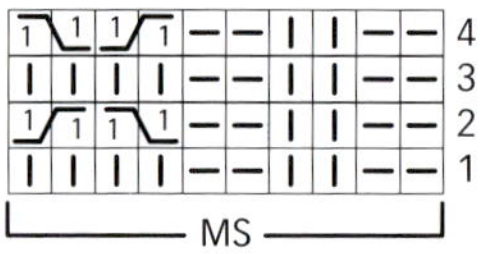

= 2 rechte Maschen nach rechts verzopfen (= 1 Masche auf 1 Zopfnadel hinter die Arbeit legen, die folgende Masche rechts stricken, dann die Masche der Zopfnadel rechts stricken)

= 2 rechte Maschen nach links verzopfen (= 1 Masche auf 1 Zopfnadel vor die Arbeit legen, die folgende Masche rechts stricken, dann die Masche der Zopfnadel rechts stricken)

ZOPFMUSTER 3

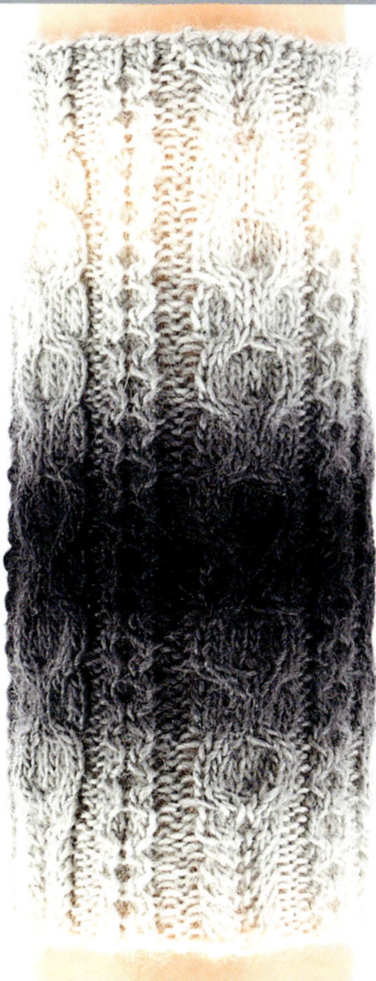

MUSTER

Bündchen: Die Maschenzahl muss durch 14 teilbar sein. Laut Strickschrift 4 arbeiten. Den Mustersatz (MS) und die 1.–4. Runde stets wiederholen.
Zopfmuster 3: Die Maschenzahl muss durch 16 teilbar sein. Laut Strickschrift 5 arbeiten. Den Mustersatz (MS) und die 1.–12. Runde stets wiederholen.

Hinweis: Für Größe 38/39 wurden 70 Maschen angeschlagen und nach bzw. vor dem Bündchen über den 5 Zopfstreifen aus 6 Maschen jeweils 2 Maschen zugenommen = 80 Maschen.

STRICKSCHRIFT 4

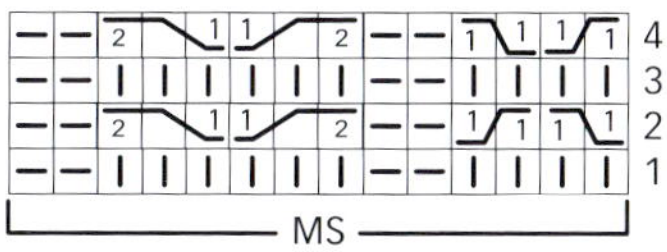

STRICKSCHRIFT 5

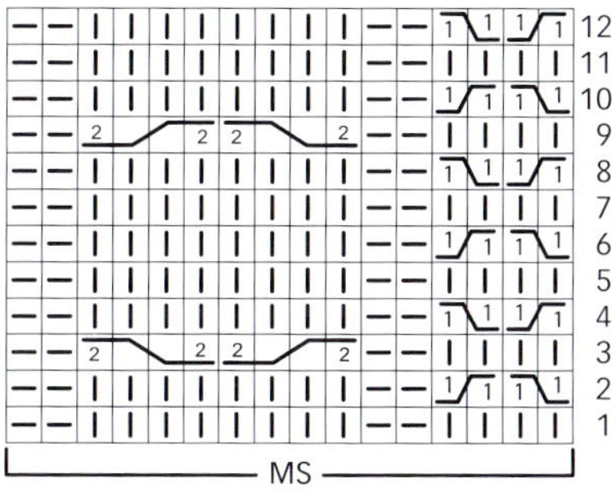

2 / 2 = 4 rechte Maschen nach rechts verzopfen (= 2 Maschen auf 1 Zopfnadel hinter die Arbeit legen, die folgenden 2 Maschen rechts stricken, dann die 2 Maschen der Zopfnadel rechts stricken)

2 \ 2 = 4 rechte Maschen nach links verzopfen (= 2 Maschen auf 1 Zopfnadel vor die Arbeit legen, die folgenden 2 Maschen rechts stricken, dann die 2 Maschen der Zopfnadel rechts stricken)

1 / 2 = 3 rechte Maschen nach rechts verzopfen (= 1 Masche auf 1 Zopfnadel hinter die Arbeit legen, die folgenden 2 Maschen rechts stricken, dann die Masche der Zopfnadel rechts stricken)

2 \ 1 = 3 rechte Maschen nach links verzopfen (= 2 Maschen auf 1 Zopfnadel vor die Arbeit legen, die folgende Masche rechts stricken, dann die 2 Maschen der Zopfnadel rechts stricken)

MS = Mustersatz

GRUNDKURS STRICKEN

STRICKEN IN RUNDEN

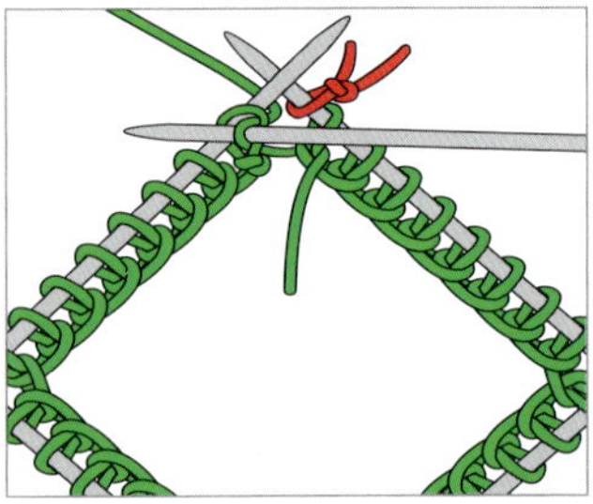

Maschen anschlagen, auf 4 Nadeln verteilen und zum Quadrat legen. Die unteren Kanten der Maschen zeigen nach innen. Mit der 5. Nadel die 1. Anschlagmasche stricken, um zur Runde zu schließen. Rundenanfang eventuell mit Kontrastgarn markieren.

RECHTE MASCHE

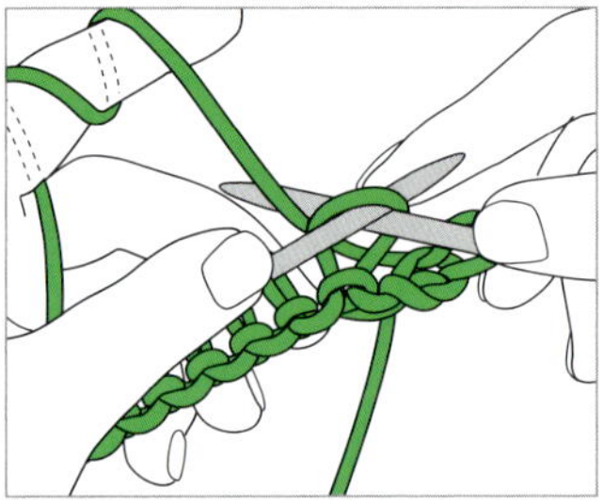

Der Faden liegt hinter der linken Nadel. Mit der rechten Nadel vorn von links nach rechts in die Masche einstechen, den Faden fassen und durch die Masche ziehen. Die Masche von der linken Nadel gleiten lassen.

LINKE MASCHE

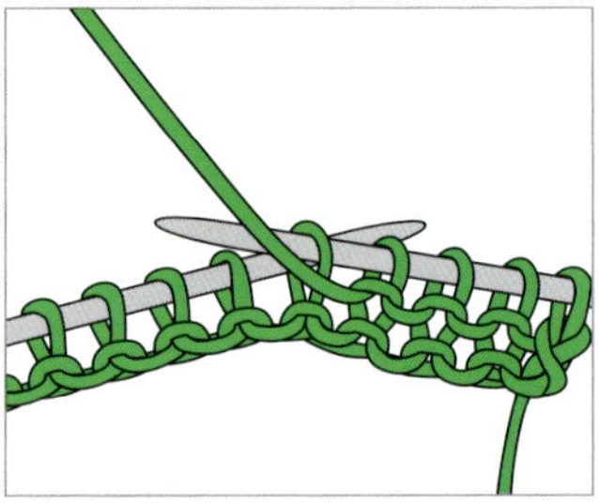

Der Faden liegt vor der linken Nadel. Mit der rechten Nadel vorn von rechts nach links in die Masche einstechen. Faden von vorn nach hinten um die rechte Nadelspitze schlingen und durch die Masche holen. Die Masche von der linken Nadel gleiten lassen.

RECHTS VERSCHRÄNKTE MASCHE

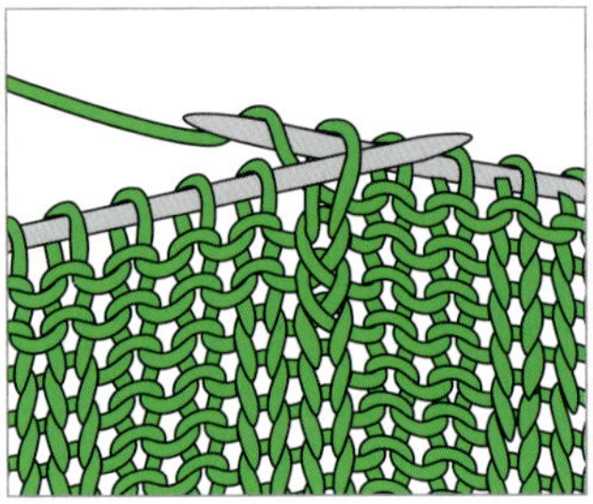

Von vorn nach hinten in das hintere Maschenglied einstechen und wie beim Rechtsstricken weiterarbeiten.

UMSCHLAG

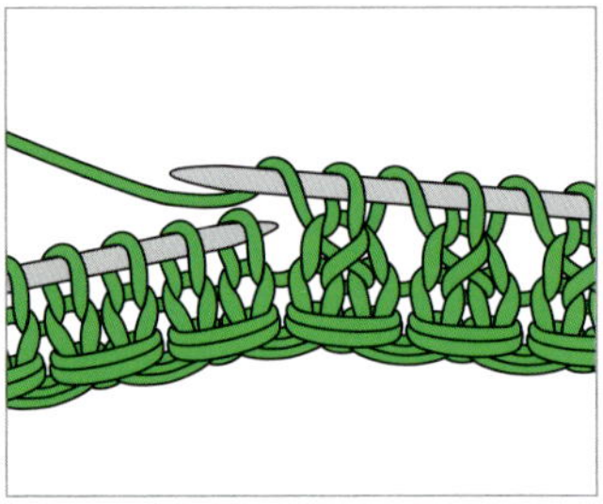

Den Faden von vorn nach hinten über die rechte Nadel legen. Dann wie in der Anleitung vorgegeben weiterarbeiten.

RECHTS-ZUNAHME

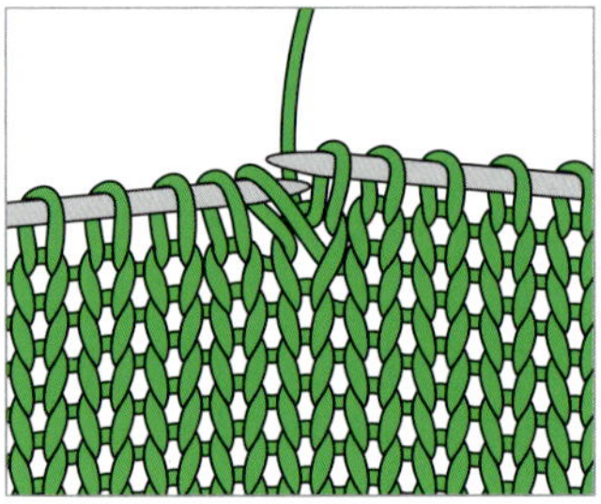

Mit der rechten Nadel in die folgende Masche der darunterliegenden Reihe einstechen und diese Masche rechts abstricken. Danach die darüberliegende Masche rechts abstricken. Die zugenommene Masche neigt sich nach rechts.

2 MASCHEN ÜBERZOGEN ZUSAMMENSTRICKEN

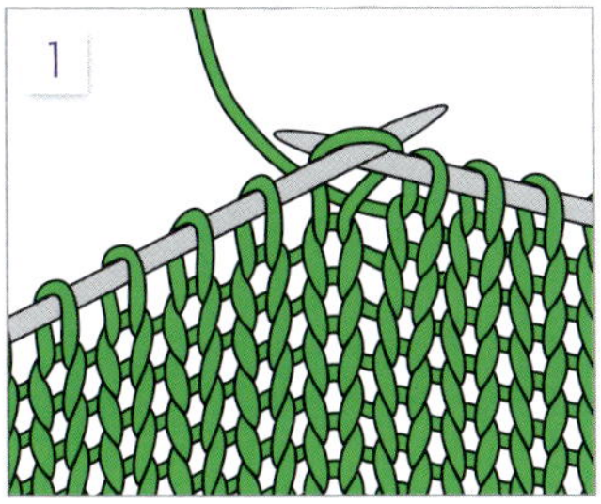

Einfacher Überzug: 1 Masche wie zum Rechtsstricken abheben.

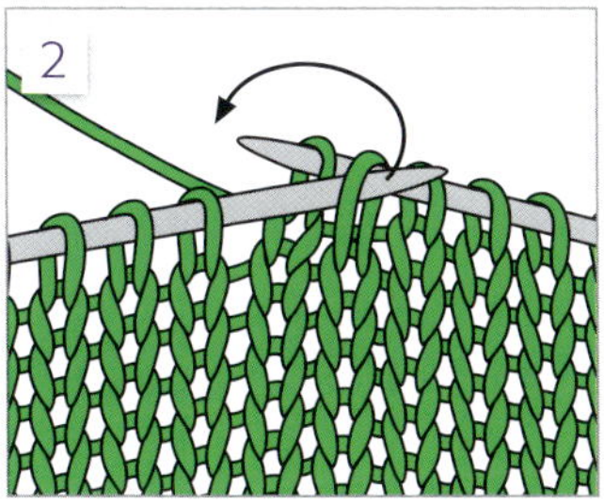

Die folgende Masche rechts stricken.

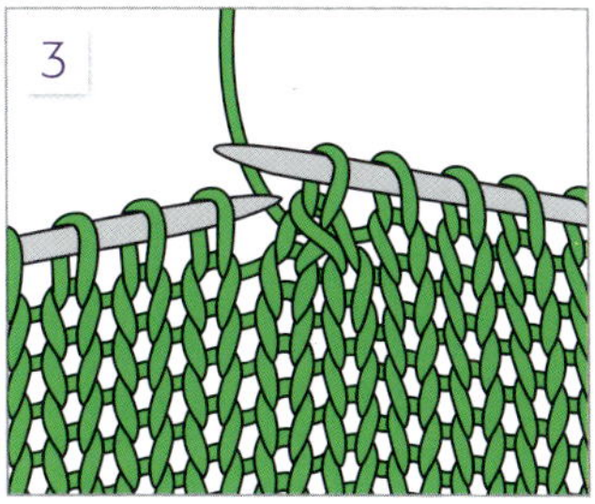

Die abgehobene Masche darüberziehen.

LINKS-ZUNAHME

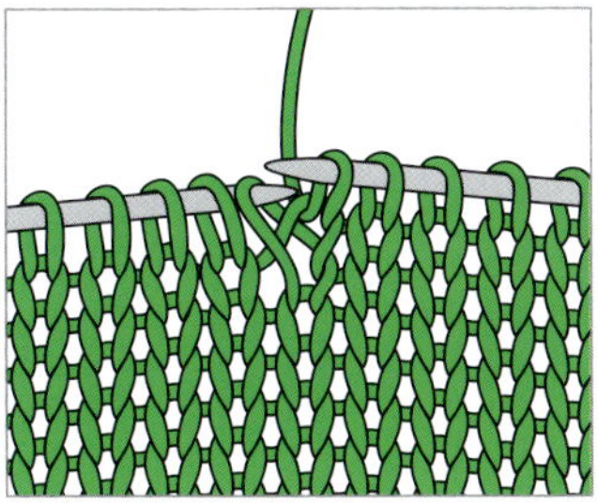

1 Masche rechts stricken, mit der linken Nadel die darunterliegende Schlinge der zuletzt gestrickten Masche von hinten nach vorn auffassen und rechts abstricken. Die zugenommene Masche neigt sich nach links.

3 MASCHEN ÜBERZOGEN ZUSAMMENSTRICKEN

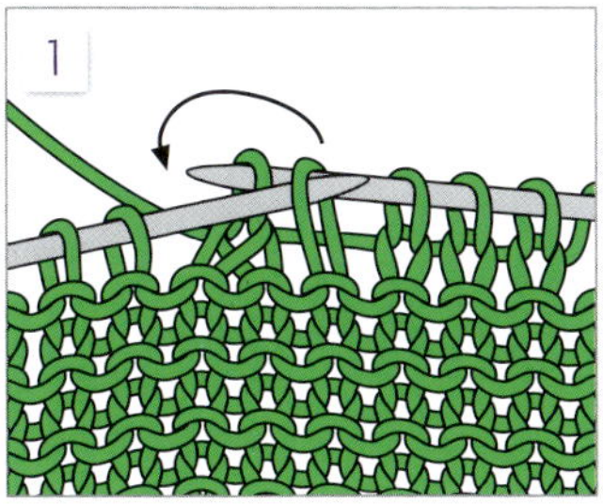

Doppelter Überzug: 1 Masche wie zum Rechtsstricken abheben und die beiden folgenden Maschen rechts zusammenstricken.

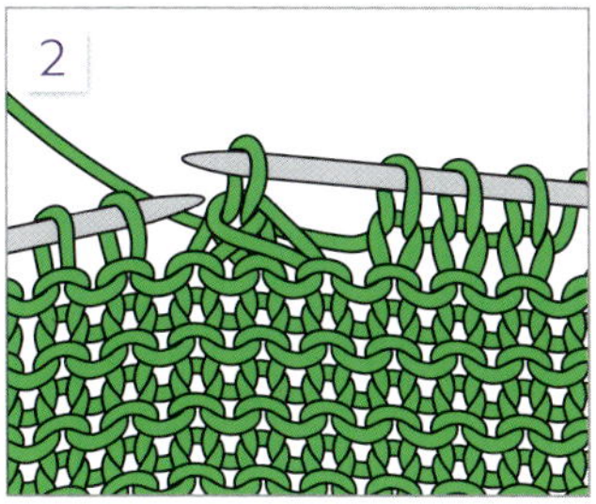

Dann die abgehobene Masche über die zusammengestrickten Maschen ziehen.

GRUNDKURS STRICKEN

2 MASCHEN RECHTS ZUSAMMENSTRICKEN

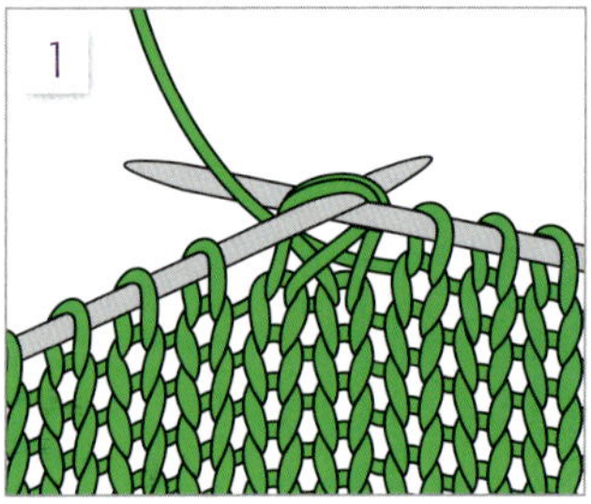

Den Faden hinter die Arbeit legen. Mit der rechten Nadel von links nach rechts durch beide Maschen stechen.

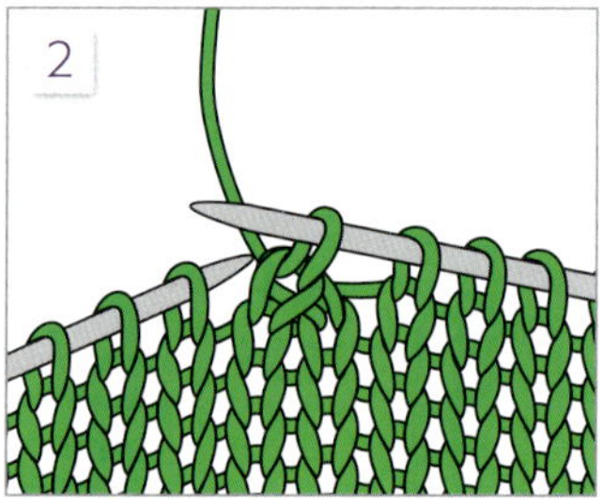

Den Faden durchholen und die Maschen von der linken Nadel gleiten lassen.

2 MASCHEN LINKS ZUSAMMENSTRICKEN

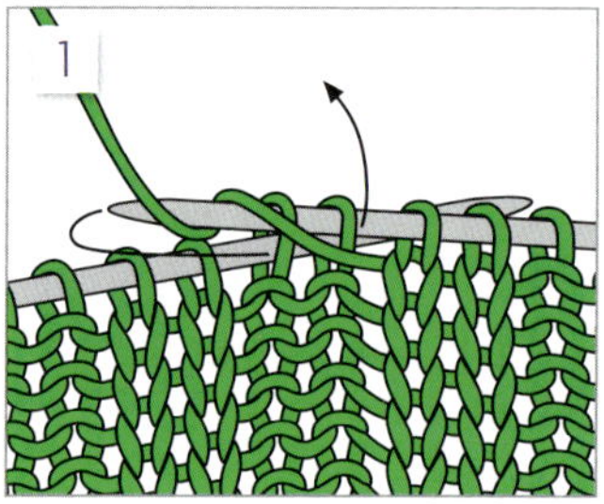

Wie bei einer linken Masche den Faden vor die Arbeit legen, von rechts nach links durch beide Maschen stechen und den Faden durchholen.

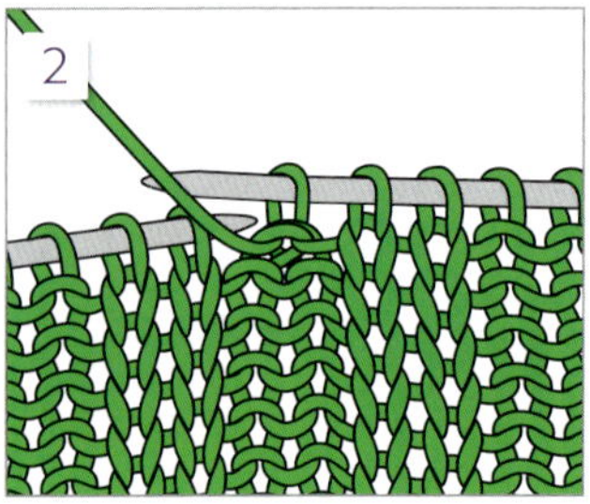

Die Maschen von der linken Nadel gleiten lassen.

VERZOPFUNG NACH RECHTS

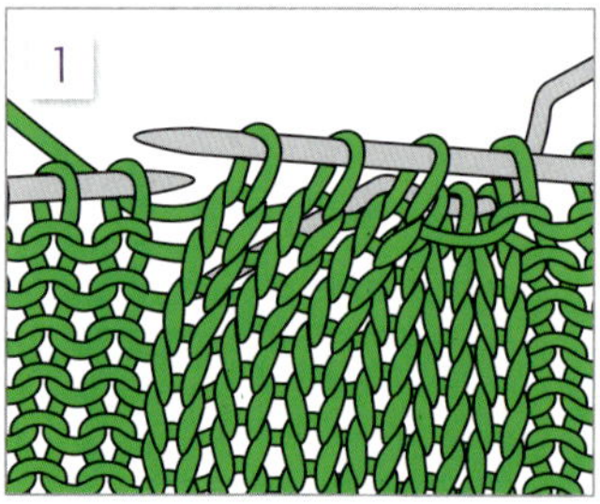

3 Maschen auf die Zopfnadel nehmen und hinter die Arbeit legen. Die folgenden 3 Maschen der linken Nadel rechts stricken.

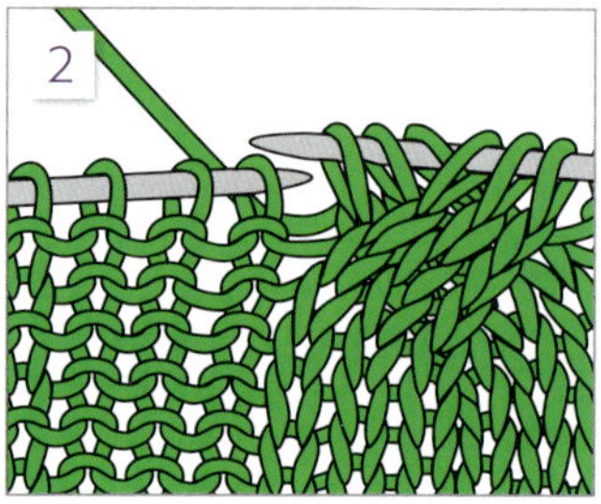

Dann die 3 Maschen der Zopfnadel rechts stricken.

VERZOPFUNG NACH LINKS

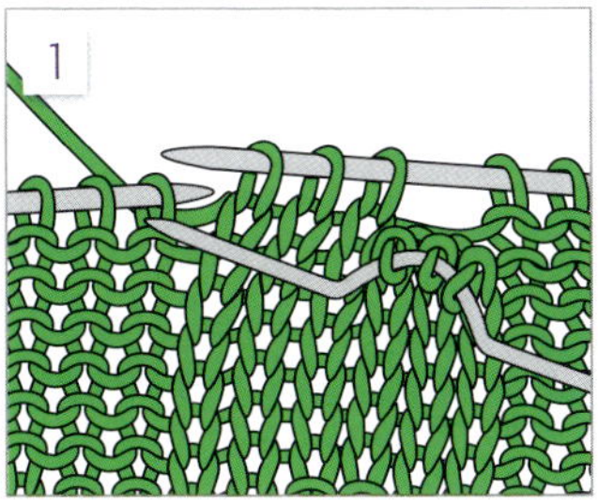

3 Maschen auf eine Zopfnadel nehmen und vor die Arbeit legen. Die folgenden 3 Maschen der linken Nadel rechts stricken.

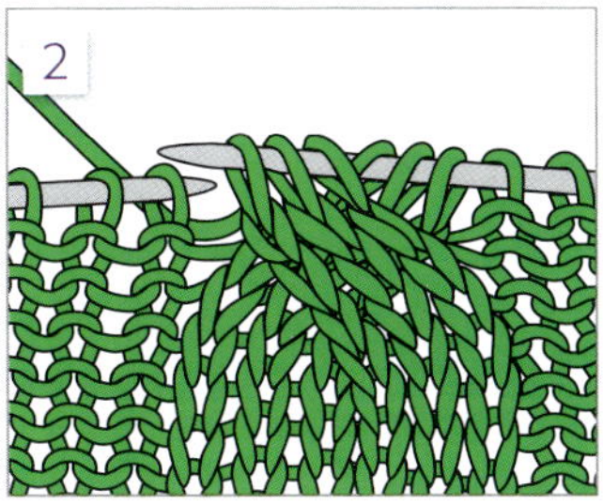

Dann die 3 Maschen der Zopfnadel rechts stricken.

ZURÜCKSTRICKEN

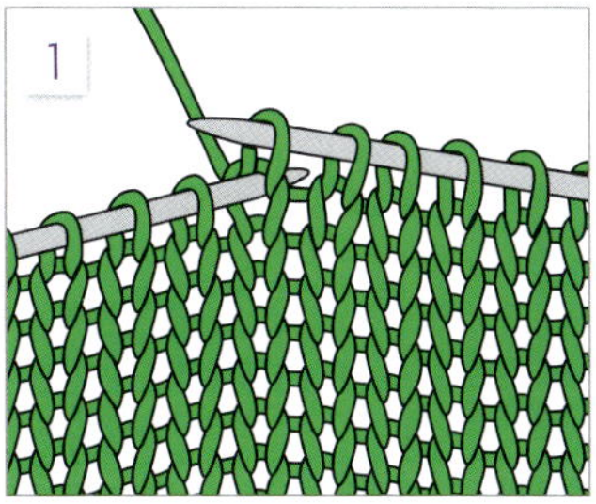

Anstatt nach einem Fehler die Nadeln aus der Arbeit zu ziehen, kann zurückgestrickt werden: Der Faden liegt hinter der Arbeit. Mit der linken Nadel von vorn in die Masche unter der letzten Masche der rechten Nadel einstechen und diese auf die linke Nadel heben. Den Faden anziehen und so die Masche auflösen.

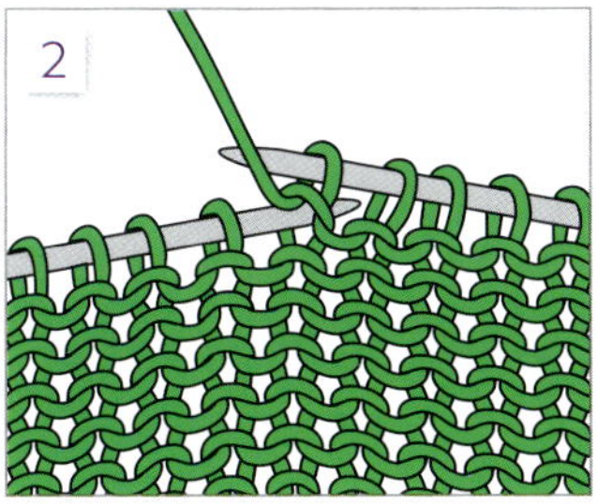

Bei linken Maschen genauso verfahren.

LAUFMASCHE AUFHEBEN

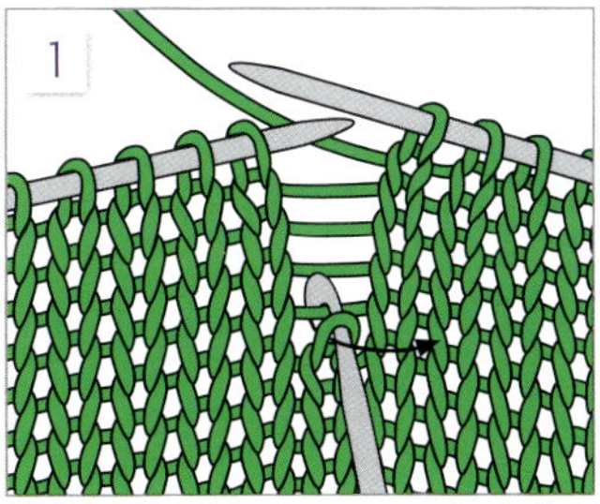

Die gefallene Masche von vorn auf eine Häkelnadel nehmen. Den darüberliegenden Querfaden durchholen.

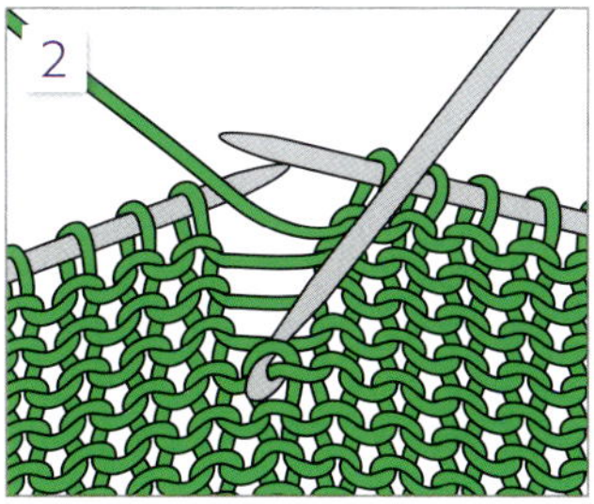

Bei linken Maschen von hinten in die Masche einstechen und den darüberliegenden Querfaden von vorn nach hinten durchziehen. Fortfahren, bis die Masche wieder auf die Stricknadel gehängt werden kann.

IMPRESSUM

Autorin: Veronika Hug
Design & Realisation: Veronika Hug, Bettina Götje
Fotos & Styling: Florian Bilger Fotodesign
Produktmanagement & Redaktion: Maria Möllenkamp
Lektorat: Johanna Heiß
Korrektorat: Margit Huber
Umschlaggestaltung: RTK & SRS mediagroup GmbH
Satz: CREALOOP Elke Monse
Repro: RTK & SRS mediagroup GmbH
Printed in Slovenia by Florjancic

★ ★ ★ ★ ★

Sind Sie mit diesem Titel zufrieden? Dann würden wir uns über Ihre Weiterempfehlung freuen. Erzählen Sie es im Freundeskreis, berichten Sie Ihrem Buchhändler oder bewerten Sie bei Onlinekauf. Und wenn Sie Kritik, Korrekturen, Aktualisierungen haben, freuen wir uns über Ihre Nachricht an Christian Verlag, Postfach 40 02 09, D-80702 München oder per E-Mail an lektorat@verlagshaus.de.

Unser komplettes Programm finden Sie unter

www.christophorus-verlag.de

Die Deutsche Nationalbibliothek verzeichnet diese Publikation in der Deutschen Nationalbibliografie; detaillierte bibliografische Daten sind im Internet über http://dnb.d-nb.de abrufbar.

ISBN 978-3-8410-6518-6

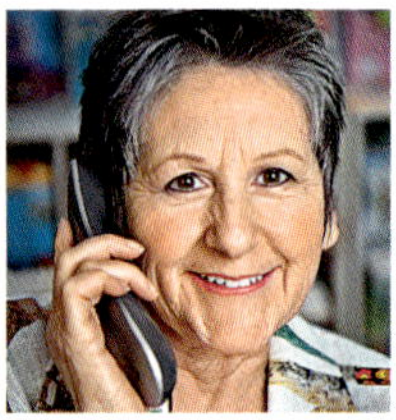

Kreativ-Service

Sie haben Fragen zu den Büchern und Materialien? Frau Erika Noll ist für Sie da und berät Sie rund um alle Kreativthemen. Rufen Sie an! Wir interessieren uns auch für Ihre eigenen Ideen und Anregungen. Sie erreichen Frau Noll per E-Mail: **mail@kreativ-service.info** oder Tel.: **+49 (0) 5052 / 91 18 58**

Besuchen Sie uns im Internet: www.christophorus-verlag.de

Gestalte deine Welt!

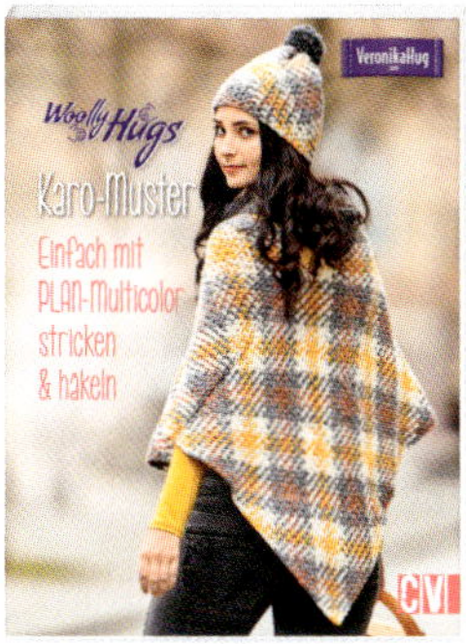

Woolly Hugs Karo-Muster
€ [D] 9,99 / € [A] 10,30*
ISBN 978-3-8410-6522-3

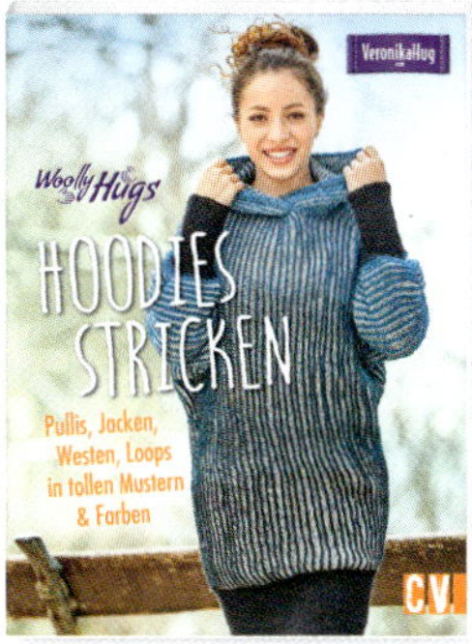

Woolly Hugs Hoodies stricken
€ [D] 9,99 / € [A] 10,30*
ISBN 978-3-8410-6517-9

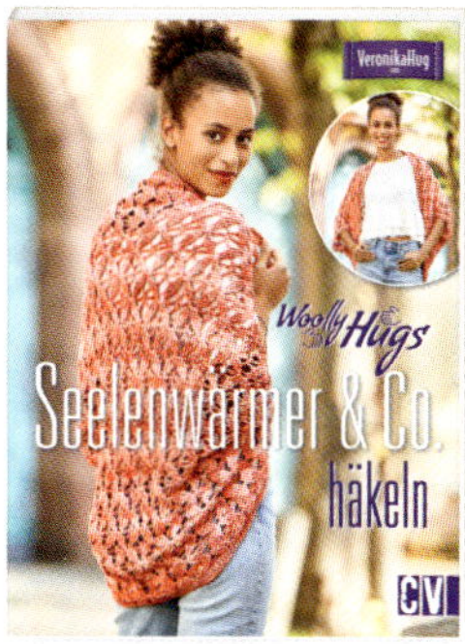

Seelemwärmer & Co. häkeln
€ [D] 9,99 / € [A] 10,30*
ISBN 978-3-8410-6516-2

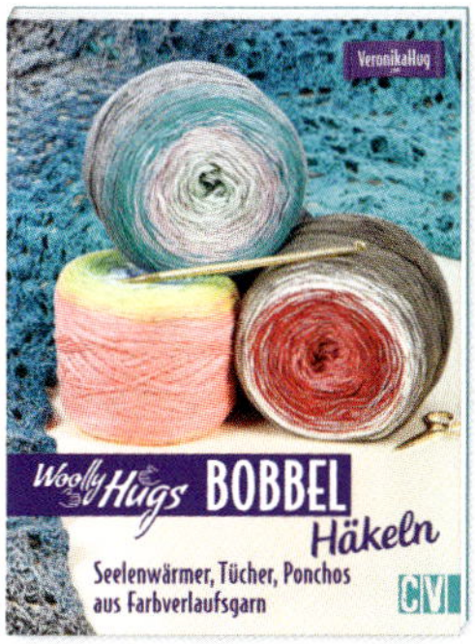

Woolly Hugs Bobbel Häkeln
€ [D] 9,99 / € [A] 10,30*
ISBN 978-3-8410-6484-4

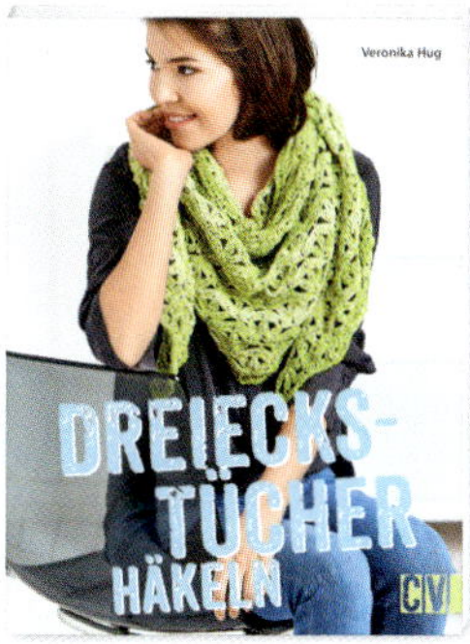

Dreieckstücher häkeln
€ [D] 9,99 / € [A] 10,30*
ISBN 978-3-8410-6417-2

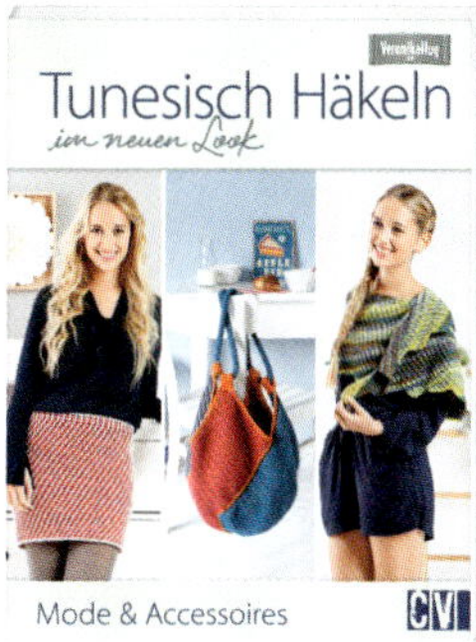

Tunesisch Häkeln im neuen Look
€ [D] 9,99 / € [A] 10,30*
ISBN 978-3-8410-6405-9

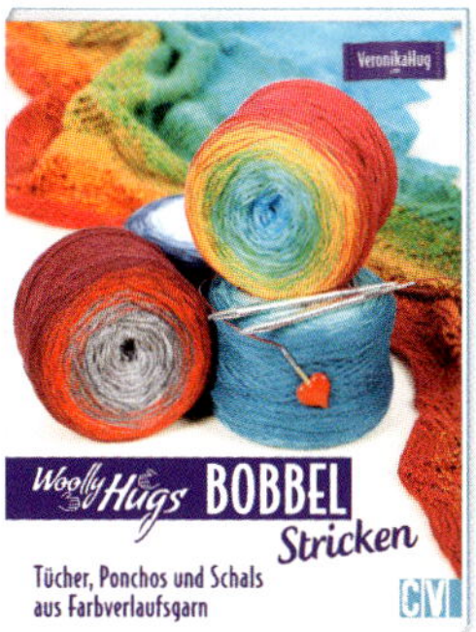

Woolly Hugs Bobbel Stricken
€ [D] 9,99 / € [A] 10,30*
ISBN 978-3-8410-6485-1

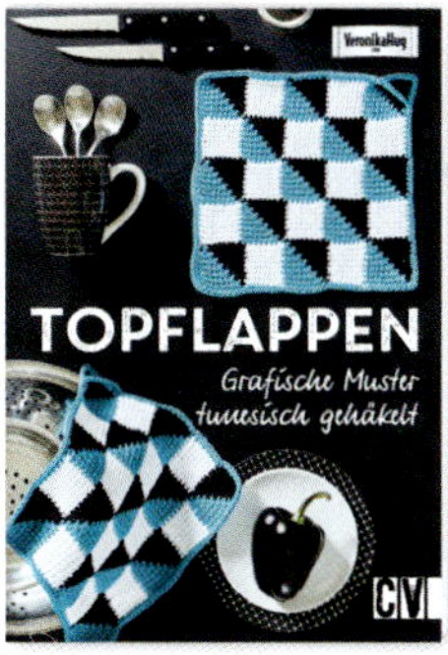

Topflappen
€ [D] 8,99 / € [A] 9,30*
ISBN 978-3-8410-6457-8

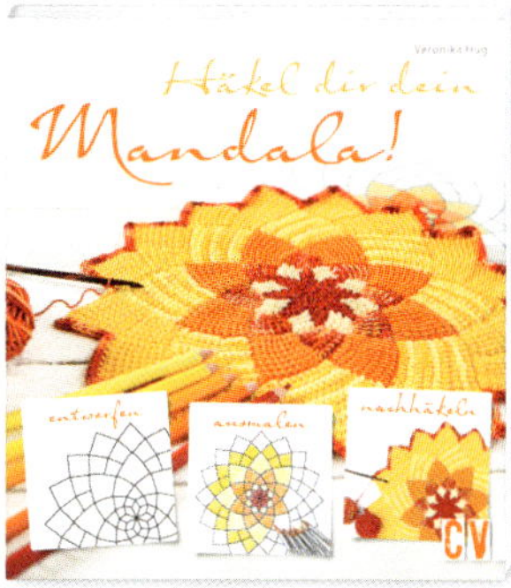

Häkel dir dein Mandala!
€ [D] 12,99 / € [A] 13,40*
ISBN 978-3-8410-6434-9

*vom österreichischen Importeur preisgebunden

www.christophorus-verlag.de

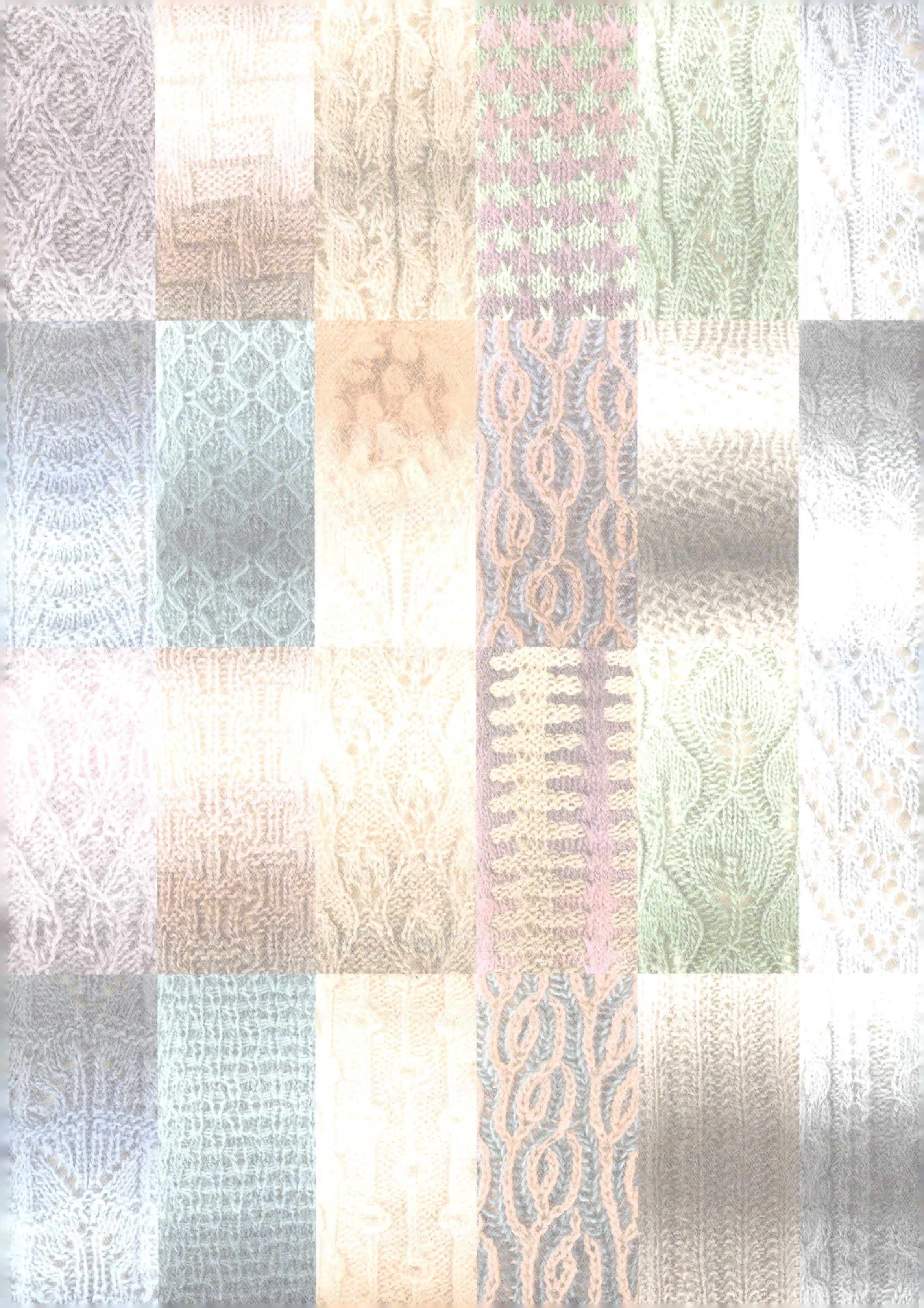